LES MYSTÈRES DE PARIS.

Par **EUGÈNE SUE,**

AUTEUR DE MATHILDE.

FIN DE LA QUATRIÈME SÉRIE.

PARIS.

LIBRAIRIE DE CHARLES GOSSELIN,
Éditeur de la Bibliothèque d'Élite.
30, RUE JACOB.
MDCCCXLII.

LES MYSTÈRES DE PARIS.

QUATRIÈME PARTIE. (Suite.)

CHAPITRE V.

LA DETTE.

Morel le lapidaire avait souvent assisté à des scènes aussi tristes que celle que nous venons de raconter; pourtant il s'écria dans un accès de désespoir, en jetant son fouet sur son établi :

— Oh! quelle vie! quelle vie!!!

— Est-ce ma faute, à moi, si ma mère est idiote? — dit Madeleine en pleurant.

— Est-ce la mienne? — dit Morel. — Qu'est-ce que je demande? de me tuer de travail pour vous tous... Jour et nuit je suis à l'ouvrage... Je ne me plains pas... tant que j'en aurai la force, j'irai ; mais je ne peux pas non plus faire mon état et être en même temps gardien de fou, de malade et d'enfants !... Non, le ciel n'est pas juste, à la fin ! non, il n'est pas juste !... c'est trop de misère pour un seul homme ! — dit le lapidaire avec un accent déchirant.

Et, accablé, il retomba sur son escabeau, la tête cachée dans ses mains.

— Puisqu'on n'a pas voulu prendre ma mère à l'hospice, parce qu'elle n'était pas assez folle, qu'est-ce que tu veux que j'y fasse, moi... là ?.. — dit Madeleine de sa voix traînante, dolente et plaintive. — Quand tu te tourmenteras de ce que tu ne peux pas empêcher, à quoi ça t'avancera-t-il ?

— A rien — dit l'artisan ; et il essuya ses yeux qu'une larme avait mouillés — à rien... tu as raison. Mais quand tout vous accable, on n'est quelquefois pas maître de soi...

— Oh ! mon Dieu, mon Dieu, que j'ai soif !.. je frissonne, et la fièvre me brûle... — dit Madeleine.

— Attends, je vais te donner à boire.

Morel alla prendre la cruche sous le toit. Après avoir difficilement brisé la glace qui recouvrait l'eau, il remplit une tasse de ce liquide gelé et s'approcha du grabat de sa femme qui étendait vers lui ses mains impatientes.

Mais, après un moment de réflexion, il lui dit :

— Non, ça serait par trop froid... dans un accès de fièvre... ça te ferait du mal...

— Ça me fera du mal? tant mieux, donne vite alors... — reprit Madeleine avec amertume — ça sera plus tôt fini... ça te débarrassera de moi... tu n'auras plus qu'à être gardien de fou et d'enfants. — La malade sera de moins.

— Pourquoi me parler comme cela, Madeleine? je ne le mérite pas... — dit tristement Morel. — Tiens, ne me fais pas de chagrin, c'est tout juste s'il me reste assez de raison et de force pour travailler... je n'ai pas la tête bien solide... elle n'y résisterait pas... et alors qu'est-ce que vous deviendriez tous? c'est pour vous que je parle... s'il ne s'agissait que de moi, je ne m'embarrasserais guère de demain...

Dieu merci, la rivière coule pour tout le monde!

—Pauvre Morel!—dit Madeleine attendrie; — c'est vrai, j'ai eu tort de te dire d'un air fâché que je voudrais te débarrasser de moi. Ne m'en veux pas... mon intention était bonne... oui, car enfin... je vous suis inutile à toi et à nos enfants... Depuis seize mois je suis alitée... Oh! mon Dieu! que j'ai soif... je t'en prie, donne-moi à boire!

—Tout à l'heure ; je tâche de réchauffer la tasse entre mes mains...

— Es-tu bon! et moi qui te dis des choses dures, encore!...

— Pauvre femme... tu souffres, ça aigrit le caractère... dis-moi tout ce que tu voudras, mais ne me dis pas que tu voudrais me débarrasser de toi...

— Mais à quoi te suis-je bonne?

— A quoi nous sont bons nos enfants?...

— A te surcharger de travail.

—Sans doute! aussi, grâce à vous autres, je trouve la force d'être à l'ouvrage quelquefois vingt heures par jour, à ce point que j'en suis devenu difforme et estropié... Est-ce que tu crois que sans cela je ferais pour l'amour de moi tout seul le métier que je fais? Oh! non, la vie n'est pas assez belle, j'en finirais avec elle.

— C'est comme moi — reprit Madeleine; — sans les enfants, il y a long-temps que je t'aurais dit : Morel, tu en as assez, moi aussi, le temps d'allumer un réchaud de charbon, on se moque de la misère... Mais ces enfants... ces enfants!...

— Tu vois donc bien qu'ils sont bons à quelque chose — dit Morel avec une admirable naïveté. — Allons, tiens... bois, mais par petites gorgées, car c'est encore bien froid...

— Oh! merci, Morel — dit Madeleine en buvant avec avidité.

— Assez... assez...

— C'était trop froid... mon frisson redouble... — dit Madeleine en lui rendant la tasse.

— Mon Dieu! mon Dieu! je te l'avais bien dit... tu souffres...

— Je n'ai plus la force de trembler... Il me semble que je suis saisie de tous les côtés dans un gros glaçon, voilà tout...

Morel ôta sa veste, la mit sur les pieds de

sa femme, et resta le torse nu. Le malheureux n'avait pas de chemise.

— Mais tu vas geler... Morel !

— Tout à l'heure, si j'ai trop froid je reprendrai ma veste un moment.

— Pauvre homme !.. ah ! tu as bien raison, le ciel n'est pas juste... qu'est-ce que nous avons fait pour être si malheureux... tandis que d'autres...

— Chacun a ses peines... les grands comme les petits...

— Oui... mais les grands ont des peines... qui ne leur creusent pas l'estomac et qui ne les font pas grelotter... Tiens, quand je pense qu'avec le prix d'un de ces diamants que tu polis nous aurions de quoi vivre dans l'aisance, nous et nos enfants, ça révolte... et à quoi ça leur sert-il, ces diamants ?

— S'il n'y avait qu'à dire : *A quoi ça sert-il aux autres ?* on irait loin... C'est comme si tu disais : A quoi ça sert-il à ce monsieur que madame Pipelet appelle le *Commandant*, d'avoir loué et meublé le premier étage de cette maison, où il ne vient jamais ?... A quoi ça lui sert-il d'avoir là de bons matelas, de bonnes couvertures, puisqu'il loge ailleurs?

— C'est bien vrai... Il y aurait là de quoi nipper pour long-temps plus d'un pauvre ménage comme le nôtre... Sans compter que tous les jours madame Pipelet fait du feu pour empêcher ses meubles d'être abîmés par l'humidité... Tant de bonne chaleur perdue... tandis que nous et nos enfants nous gelons!... Mais tu me diras à ça : Nous ne sommes pas des meubles... Oh! ces riches! c'est si dur!....

— Pas plus durs que d'autres, Madeleine... Mais ils ne savent pas, vois-tu, ce que c'est que la misère... Ça naît heureux, ça vit heureux, ça meurt heureux : à propos de quoi veux-tu que ça pense à nous?... Et puis, je te dis... ils ne savent pas... Comment se feraient-ils une idée des privations des autres? Ont-ils grand faim, grande est leur joie... ils n'en dînent que mieux... Fait-il grand froid, tant mieux, ils appellent ça une *belle gelée;* c'est tout simple : s'ils sortent à pied, ils rentrent ensuite au coin d'un bon foyer, et la froidure leur fait trouver le feu meilleur; ils ne peuvent donc pas nous plaindre beaucoup, puisqu'à eux la faim et le froid leur tournent à plaisir... Ils ne savent pas, vois-tu, ils ne savent pas!.. A leur place, nous ferions comme eux.

— Les pauvres gens sont donc meilleurs qu'eux tous, puisqu'ils s'entr'aident... Cette bonne petite mademoiselle Rigolette qui nous a si souvent veillés, moi ou les enfants, pendant nos maladies, a emmené hier Jérôme et Pierre pour partager son souper. Et son souper, ça n'est guère, une tasse de lait et du pain. A son âge on a bon appétit; bien sûr, elle se sera privée...

— Pauvre fille! Oui, elle est bien bonne. Et pourquoi? parce qu'elle connaît la peine... Et comme je dis toujours : — Si les riches savaient! si les riches savaient!

—Et cette petite dame qui est venue avant-hier d'un air si effaré nous demander si nous avions besoin de quelque chose, maintenant elle sait, celle-là, ce que c'est que des malheureux... eh bien! elle n'est pas revenue.

— Elle reviendra peut-être; car, malgré sa figure effrayée, elle avait l'air bien doux et bien comme il faut.

— Oh! avec toi, dès qu'on est riche, on a

toujours raison... On dirait que les riches sont faits d'une autre pâte que nous!

— Je ne dis pas cela — reprit doucement Morel; — je dis au contraire qu'ils ont leurs défauts... nous avons, nous, les nôtres...

Le malheur est... qu'ils ne savent pas... Le malheur est qu'il y a, par exemple, beaucoup d'agents pour découvrir les gueux qui ont commis des crimes, et qu'il n'y a pas d'agents pour découvrir les honnêtes ouvriers accablés de famille qui sont dans la dernière des misères... et qui, faute d'un peu de secours donné à point, se laissent quelquefois tenter... C'est bon de punir le mal, ça serait peut-être meilleur de l'empêcher... Vous êtes resté probe jusqu'à cinquante ans; mais l'extrême misère, la faim, vous poussent au mal... et voilà un coquin de plus... Tandis que si on avait... su... Mais à quoi bon penser à cela?... le monde est comme il est... Je suis pauvre et désespéré, je parle ainsi... je serais riche, je parlerais de fêtes et de plaisirs...

— Eh bien! pauvre femme, comment vas-tu?

— Toujours la même chose... Je ne sens

plus mes jambes... Mais toi, tu trembles... reprends donc ta veste... et souffle cette chandelle qui brûle pour rien... voilà le jour.

En effet, une lueur blafarde, glissant péniblement à travers la neige dont était obstrué le carreau de la lucarne, commençait à jeter une triste clarté dans l'intérieur de ce réduit, et rendait son aspect plus affreux encore... L'ombre de la nuit voilait au moins une partie de ces misères...

— Je vais attendre qu'il fasse assez clair pour me remettre à travailler — dit le lapidaire en s'asseyant sur le bord de la paillasse de sa femme et en appuyant son front dans ses deux mains.

Après quelques moments de silence, Madeleine lui dit :

— Quand madame Mathieu doit-elle revenir chercher les pierres auxquelles tu travailles?

— Ce matin... Je n'ai plus qu'une facette d'un diamant faux à polir.

— Un diamant faux !... toi qui ne tailles que des pierres fines, malgré ce qu'on croit dans la maison !

— Comment? tu ne sais pas?... mais c'est juste, quand l'autre jour madame Mathieu est venue, tu dormais... Elle m'a donné dix diamants faux, dix cailloux du Rhin à tailler, juste de la même grosseur et de la même manière que le même nombre de pierres fines qu'elle m'apportait, celles qui sont là avec des rubis... Je n'ai jamais vu des diamants d'une plus belle eau; ces dix pierres-là valent certainement plus de soixante mille francs.

— Et pourquoi te les fait-elle imiter en faux?

— Une grande dame à qui ils appartiennent...... une duchesse, je crois, a chargé M. Baudoin le joaillier de vendre sa parure... et de lui faire faire à la place une parure en pierres fausses. Madame Mathieu, la courtière en pierreries de M. Baudoin, m'a appris cela en m'apportant les pierres vraies, afin que je donne aux fausses la même coupe et la même forme; madame Mathieu a chargé de la même besogne quatre autres lapidaires, car il y a quarante ou cinquante pierres à tailler... Je ne pouvais pas tout faire... cela devait être prêt ce matin, il faut à M. Baudoin le temps de remonter les pierres fausses... Madame Mathieu dit que souvent des dames font ainsi en cachette remplacer leurs diamants par des cailloux du Rhin.

— Tu vois bien, les fausses pierres font le même effet que les vraies, et les grandes dames, qui mettent seulement ça pour se parer, n'auraient jamais l'idée de sacrifier un diamant au soulagement de malheureux comme nous!

— Pauvre femme! sois donc raisonnable, le chagrin te rend injuste... Qui est-ce qui sait que nous, les Morel, sommes malheureux?

— Oh! quel homme! quel homme!... On te couperait en morceaux, toi, que tu dirais merci.

Morel haussa les épaules avec compassion.

— Combien te devra ce matin madame Mathieu? — reprit Madeleine.

— Rien, puisque je suis en avance avec elle de cent vingt francs...

— Rien! Mais nous avons fini avant-hier nos derniers vingt sous...

— Oui — dit Morel d'un air abattu.

— Et comment allons-nous faire?

— Je ne sais pas...

— Et le boulanger ne veut plus nous fournir à crédit...

— Non... puisque hier j'ai emprunté le quart d'un pain à madame Pipelet.

— La mère Burette ne nous prêterait rien?

— Nous prêter!... Maintenant qu'elle a tous nos effets en gage, sur quoi nous prêterait-elle?... sur nos enfants?... — dit Morel avec un sourire amer.

— Mais ma mère, les enfants et toi, vous n'avez mangé hier qu'une livre et demie de pain à vous tous!... Vous ne pouvez pas mourir de faim non plus.... Aussi, c'est ta faute... tu n'as pas voulu te faire inscrire cette année au bureau de charité.

— On n'inscrit que les pauvres qui ont des meubles... et nous n'en avons plus... On nous regarde comme en garni. C'est comme pour être admis aux salles d'asile, il faut que les enfants aient au moins une blouse, et les nôtres n'ont que des haillons; et puis, pour le bureau de charité, il aurait fallu pour me faire inscrire, aller, retourner peut-être vingt fois au bureau, puisque nous n'avons pas de protections... ça me ferait perdre plus de temps que ça ne vaudrait...

— Mais comment faire, alors?..

— Peut-être cette petite dame qui est venue hier ne nous oubliera pas...

— Oui... comptes-y... Mais madame Mathieu te prêtera bien cent sous... tu travailles pour elle depuis dix ans... elle ne peut pas laisser dans une pareille peine un honnête ouvrier chargé de famille.

— Je ne crois pas qu'elle puisse nous prêter quelque chose. Elle a fait tout ce qu'elle a pu en m'avançant petit à petit cent vingt francs; c'est une grosse somme pour elle. Parce qu'elle est courtière en diamants et qu'elle en a quelquefois pour cinquante mille francs dans son cabas, elle n'en est pas plus riche. Quand elle gagne cent francs par mois, elle est bien contente, car elle a des charges... deux nièces à élever. Cent sous pour elle, vois-tu, c'est comme cent sous pour nous... et il y a des moments où on ne les a pas... tu le sais bien. Étant déjà de beaucoup en avance avec moi, elle ne peut s'ôter le pain de la bouche à elle et aux siens.

—Voilà ce que c'est que de travailler pour des courtiers au lieu de travailler pour les forts joailliers; ils sont moins regardants quelquefois... Mais tu te laisses toujours manger la laine sur le dos... c'est ta faute.

— C'est ma faute !—s'écria ce malheureux, exaspéré par cet absurde reproche — est-ce ta mère ou non qui est cause de toutes nos misères? S'il n'avait pas fallu payer le diamant qu'elle a perdu, ta mère !... nous serions en avance, nous aurions le prix de mes journées, nous aurions les onze cents francs que nous avons retirés de la caisse d'épargne pour les joindre aux treize cents francs que nous a prêtés ce M. Jacques Ferrand, que Dieu maudisse !

—Tu t'obstines encore à ne lui rien demander, à celui-là... Après ça, il est si avare... que ça ne servirait peut-être à rien... mais enfin on essaie toujours...

— A lui !... à lui !... m'adresser à lui !... — s'écria Morel — j'aimerais mieux me laisser brûler à petit feu... Tiens... ne me parle pas de cet homme-là... tu me rendrais fou...

En disant ces mots, la physionomie du

lapidaire, ordinairement douce et résignée, prit une expression de sombre énergie; son pâle visage se colora légèrement : il se leva brusquement du grabat où il était assis, et marcha dans la mansarde avec agitation. Malgré son apparence grêle, difforme, l'attitude et les traits de cet homme respiraient alors une généreuse indignation.

— Je ne suis pas méchant — s'écria-t-il — de ma vie je n'ai fait de mal à personne... mais, vois-tu... ce notaire (1)! oh! je lui souhaite autant de mal qu'il m'en a fait. — Puis, mettant ses deux mains sur son front, il murmura d'une voix douloureuse : —Mon Dieu! pourquoi donc faut-il qu'un mauvais sort, que je n'ai pas mérité, me livre, moi et les miens, pieds et poings liés, à cet hypocrite? Aura-t-il donc le droit d'user de sa richesse pour perdre, corrompre et désoler ceux qu'il veut perdre, corrompre et désoler?

— C'est ça, c'est ça — dit Madeleine — de-

---

(1) Le lecteur se souvient peut-être que Fleur-de-Marie avait été confiée toute jeune à ce notaire, et que sa femme de charge abandonna l'enfant à la Chouette, qui devait s'en charger moyennant 1,000 francs une fois payés.

chaîne-toi... contre lui... tu seras bien avancé quand il t'aura fait mettre en prison... comme il peut le faire d'un jour à l'autre, pour cette lettre de change de treize cents francs, pour laquelle il a obtenu jugement contre toi... Il te tient comme un oiseau au bout d'un fil. Je le déteste autant que toi, ce notaire; mais puisque nous sommes dans sa dépendance... il faut bien...

— Laisser déshonorer notre fille! n'est-ce pas? — s'écria le lapidaire d'une voix foudroyante.

— Mon Dieu! tais-toi donc, ces enfants sont éveillés... ils t'entendent...

— Bah! bah! tant mieux! — reprit Morel avec une effrayante ironie — ça sera d'un bon exemple pour nos deux petites filles; ça les préparera... il n'a qu'un jour à en avoir aussi la fantaisie, le notaire!... Ne sommes-nous pas dans sa dépendance, comme tu dis toujours?.. Voyons! répète donc encore qu'il peut me faire mettre en prison... voyons, parle franchement... il faut lui abandonner notre fille, n'est-ce pas?

Puis, ce malheureux termina son imprécation en éclatant en sanglots; car cette honnête et bonne nature ne pouvait long-temps soutenir ce ton de douloureux sarcasme.

— O mes enfants — s'écria-t-il en fondant en larmes — mes pauvres enfants! ma Louise!.. ma bonne et belle Louise!.. trop belle... trop belle... c'est aussi de là que viennent tous nos malheurs! Si elle n'avait pas été si belle, cet homme ne m'aurait pas proposé de me prêter cet argent... Je suis laborieux et honnête, le joaillier m'aurait donné du temps, je n'aurais pas d'obligation à ce vieux monstre, et il n'abuserait pas du service qu'il nous a rendu pour tâcher de déshonorer ma fille... je ne l'aurais pas laissée un jour chez lui... Mais il le faut... il le faut... il me tient dans sa dépendance... Oh! la misère... la misère... que d'outrages elle fait dévorer!

— Mais, comment faire aussi? il a dit à Louise : — Si tu t'en vas de chez moi, je fais mettre ton père en prison...

— Oui, il la tutoie comme la dernière des créatures.

— Si ce n'était que cela, on se ferait une raison; mais si elle quitte le notaire, il te fera prendre, et alors, pendant que tu seras prison, que veux-tu que je devienne toute seule, moi avec nos enfants et ma mère? Quand Louise gagnerait 20 francs par mois dans une autre place, est-ce que nous pouvons vivre six personnes là-dessus?

— Oui, c'est pour vivre que nous laissons peut-être déshonorer Louise.

— Tu exagères toujours: le notaire la poursuit, c'est vrai... elle nous l'a dit; mais elle est honnête, tu le sais bien.

— Oh! oui, elle est honnête, et active, et bonne!... Quand, nous voyant dans la gêne à cause de ta maladie, elle a voulu entrer en place pour ne pas nous être à charge, je ne t'ai pas dit, va, ce que ça m'a coûté!... Elle servante... maltraitée, humiliée!... elle si fière naturellement, qu'en riant... te souviens-tu? nous riions alors, nous l'appelions *la princesse*, parce qu'elle disait toujours qu'à force de propreté elle rendrait notre pauvre réduit comme un petit palais... Chère enfant, ç'aurait été mon luxe de la garder près de nous, quand j'aurais dû passer les nuits au travail... C'est qu'aussi, quand je voyais sa bonne figure rose et ses jolis yeux bruns devant moi, là, près de mon établi, et que je l'écoutais chanter, ma tâche ne me paraissait pas lourde! Pauvre Louise, si laborieuse et avec ça si gaie!... Jusqu'à ta mère dont elle faisait ce qu'elle voulait!.. Mais, dame! aussi, quand elle vous parlait, quand elle vous regardait, il n'y avait pas moyen de ne pas dire comme elle..... Et toi, comme elle te soignait! comme elle t'amusait!..... Et ses frères et ses sœurs, s'en occupait-elle assez!... Elle trouvait le temps de tout faire. Aussi, avec Louise, tout notre bonheur... tout s'en est allé.

— Tiens, Morel, ne me rappelle pas ça... tu me fends le cœur — dit Madeleine en pleurant à chaudes larmes.

— Et quand je pense que peut-être ce vieux monstre... Tiens, vois-tu... à cette pensée la tête me tourne... il me prend des envies d'aller le tuer et de me tuer après...

— Et nous, qu'est-ce que nous deviendrions? Et puis, encore une fois, tu t'exagères... Le notaire aura peut-être dit cela à Louise comme... en plaisantant... D'ailleurs il va à la messe tous les dimanches; il fréquente beaucoup de prêtres... Il y a bien des gens qui disent qu'il est plus sûr de placer l'argent chez lui qu'à la caisse d'épargne.

— Qu'est-ce que cela prouve? qu'il est riche et hypocrite... Je connais bien Louise... elle est honnête... Oui, mais elle nous aime comme on n'aime pas; son cœur saigne de notre misère. Elle sait que, sans moi, vous mourriez tout à fait de faim ; et si le notaire l'a menacée de me faire mettre en prison... la malheureuse a été peut-être capable... Oh ! ma tête!... c'est à en devenir fou !

— Mon Dieu ! si cela était arrivé, le notaire lui aurait donné de l'argent, des cadeaux, et, bien sûr, elle n'aurait rien gardé pour elle; elle nous en aurait fait profiter.

— Tais-toi... je ne comprends pas seulement que tu aies des idées pareilles... Louise accepter... Louise...

— Mais pas pour elle... pour nous...

— Tais-toi... encore une fois, tais-toi !.. tu me fais frémir... Sans moi... je ne sais pas ce que tu serais devenue... et mes enfants aussi, avec des raisons pareilles.

— Quel mal est-ce que je dis ?

— Aucun...

— Eh bien! pourquoi crains-tu que...

Le lapidaire interrompit impatiemment sa femme :

— Je crains, parce que je remarque que depuis trois mois, chaque fois que Louise vient ici et qu'elle m'embrasse... elle rougit.

— Du plaisir de te voir.

— Ou de honte... elle est de plus en plus triste...

— Parce qu'elle nous voit de plus en plus malheureux. Et puis, quand je lui parle du notaire, elle dit que maintenant il ne la menace plus de la prison pour toi.

— Oui, mais à quel prix ne la menace-t-il plus? elle ne le dit pas, et elle rougit en m'embrassant... O mon Dieu! ça serait déjà pourtant bien mal à un maître de dire à une pauvre fille honnête, dont le pain dépend de lui : « Cède, où je te chasse; et, si l'on vient s'informer de toi, je répondrai que tu es un mauvais sujet, pour t'empêcher de te placer ailleurs... » Mais lui dire : « Cède, ou je fais mettre ton père en prison! » lui dire cela lorsqu'on sait que toute une famille vit du travail de ce père, oh! c'est mille fois plus criminel encore!

— Et quand on pense qu'avec un des diamants qui sont là sur ton établi tu pourrais avoir de quoi rembourser le notaire, faire sortir notre fille de chez lui, et la garder chez nous... — dit lentement Madeleine.

— Quand tu me répéteras cent fois la même chose, à quoi bon?... Certainement que, si j'étais riche, je ne serais pas pauvre — reprit Morel avec une douloureuse impatience.

La probité était tellement naturelle et pour ainsi dire tellement organique chez cet homme, qu'il ne lui venait pas à l'esprit que sa femme, abattue, aigrie par le malheur, pût concevoir quelque arrière-pensée mauvaise et voulût tenter son irréprochable honnêteté.

Il reprit amèrement :

— Il faut se résigner. Heureux ceux qui peuvent avoir leurs enfants auprès d'eux, et les défendre des piéges; mais une fille du peuple, qui la garantit? Personne... Est-elle en âge de gagner quelque chose, elle part le matin pour son atelier, rentre le soir; pendant ce temps-là la mère travaille de son côté, le père du sien. Le temps, c'est notre fortune, et le pain est si cher qu'il ne nous reste pas le loisir de veiller sur nos enfants ; et puis on crie à l'inconduite des filles pauvres... comme si leurs parents avaient le moyen de les garder chez eux, ou le temps de les surveiller quand elles sont dehors... Les privations ne nous sont rien auprès du chagrin de quitter notre femme, notre enfant, notre père... C'est surtout à nous, pauvres gens, que la vie de famille serait salutaire et consolante... Et dès que nos enfants sont en âge de raison, nous sommes forcés de nous en séparer !

A ce moment on frappa bruyamment à la porte de la mansarde.

CHAPITRE VI.

LE JUGEMENT.

Étonné... le lapidaire se leva et alla ouvrir.

Deux hommes entrèrent dans la mansarde.

L'un, maigre, grand, à figure ignoble et bourgeonnée, encadrée d'épais favoris noirs grisonnants, tenait à la main une grosse canne plombée, portait un chapeau déformé et une longue redingote verte crottée, étroitement boutonnée. Son col de velours noir râpé laissait voir un cou long, rouge, pelé comme celui d'un vautour... Cet homme s'appelait Malicorne.

L'autre, plus petit, et de mine aussi basse, rouge, gros et trapu, était vêtu avec une sorte de somptuosité grotesque. Des boutons de brillants attachaient les plis de sa chemise d'une propreté douteuse, et une longue chaîne d'or serpentait sur un gilet écossais d'étoffe passée, que laissait voir un paletot de panne d'un gris jaunâtre... Cet homme s'appelait Bourdin.

— Oh! que ça pue la misère et la mort ici! — dit Malicorne en s'arrêtant au seuil.

— Le fait est que ça ne sent pas le musc! Quelles pratiques! — reprit Bourdin en faisant un geste de dégoût et de mépris; puis il s'avança vers l'artisan qui le regardait avec autant de surprise que d'indignation.

A travers la porte laissée entre-bâillée, on vit apparaître la figure méchante, attentive et rusée de Tortillard, qui, ayant suivi ces inconnus à leur insu, regardait, épiait, écoutait.

— Que voulez-vous? — dit brusquement le lapidaire, révolté de la grossièreté des deux hommes.

— Jérôme Morel? — lui répondit Bourdin.
— C'est moi...
— Ouvrier lapidaire?
— C'est moi...

— Bien sûr?

— Encore une fois, c'est moi... Vous m'impatientez... que voulez-vous?... expliquez-vous, ou sortez!...

— Que ça d'honnêteté?... merci!... Dis donc, Malicorne — reprit l'homme en se retournant vers son camarade — il n'y a pas *gras*... ici... c'est pas comme chez le vicomte de Saint-Remy?

— Oui... mais quand il y a *gras*, on trouve visage de bois... comme nous l'avons trouvé rue de Chaillot. Le moineau avait filé la veille... et roide encore, tandis que des vermines pareilles, ça reste collé à son chenil.

Je crois bien; ça ne demande qu'à être *serré* (1) pour avoir la pâtée.

— Faut encore que le *loup* (2) soit bon enfant; ça lui coûtera plus que ça ne vaut... mais ça le regarde.

— Tenez — dit Morel avec indignation — si vous n'étiez pas ivres comme vous en avez l'air, on se mettrait en colère... Sortez de chez moi à l'instant!

(1) Emprisonné.
(2) Le créancier.

— Ah! ah! il est fameux, le *déjeté* — s'écria Bourdin en faisant une allusion insultante à la déviation de la taille du lapidaire. — Dis donc, Malicorne, il a le toupet d'appeler ça un *chez soi*... un bouge où je ne voudrais pas mettre mon chien...

— Mon Dieu! mon Dieu! — s'écria Madeleine, si effrayée qu'elle n'avait pas jusqu'alors pu dire une parole — appelle donc au secours... c'est peut-être des malfaiteurs... Prends garde à tes diamants...

En effet, voyant ces deux inconnus de mauvaise mine s'approcher de plus en plus de l'établi où étaient encore exposées les pierreries, Morel craignit quelque mauvais dessein, courut à sa table, et de ses deux mains couvrit les pierres précieuses.

Tortillard, toujours aux écoutes et aux aguets, retint les paroles de Madeleine, remarqua le mouvement de l'artisan et se dit:

— Tiens... tiens... tiens... on le disait lapidaire en faux; si les pierres étaient fausses il n'aurait pas peur d'être volé... Bon à savoir: alors la mère Mathieu, qui vient souvent ici, est donc aussi courtière en *vrai*... C'est donc de vrais diamants qu'elle a dans son cabas... Bon à savoir : je dirai ça à la Chouette, à la Chouette — dit le fils de Bras-Rouge en chantonnant.

— Si vous ne sortez pas de chez moi, je crie à la garde — dit Morel.

Les enfants effrayés de cette scène commencèrent à pleurer, et la vieille idiote se dressa sur son séant...

— S'il y a quelqu'un qui ait le droit de crier à la garde... c'est nous... entendez-vous, monsieur le déjeté ? — dit Bourdin.

— Vu que la garde doit nous prêter main-forte pour vous conduire si vous regimbez — ajouta Malicorne. Nous n'avons pas de juge de paix avec nous, c'est vrai ; mais si vous tenez à jouir de sa société, on va vous en servir un sortant de son lit, tout chaud, tout bouillant... Bourdin va aller le chercher...

— En prison... moi ? — s'écria Morel frappé de stupeur.

— Oui, à Clichy...

— A Clichy ? — répéta l'artisan d'un air hagard.

— A-t-il la boule dure, celui-là ! — dit Malicorne.

— A la prison pour dettes... aimez-vous mieux ça ? — reprit Bourdin.

— Vous... vous... seriez... comment... le notaire... Ah ! mon Dieu !..

Et l'ouvrier, pâle comme la mort, retomba sur son escabeau, sans pouvoir ajouter une parole.

— Nous sommes gardes du commerce pour vous pincer, si nous en étions capables... Y êtes-vous, *pays?*

— Morel... le billet du maître de Louise !.. Nous sommes perdus ! — s'écria Madeleine d'une voix déchirante.

— Voilà le jugement — dit Malicorne en tirant de son portefeuille un acte timbré.

Après avoir psalmodié, comme d'habitude, une partie de cette requête d'une voix presque inintelligible, il articula nettement les derniers mots, malheureusement trop significatifs pour l'artisan :

Jugeant en dernier ressort, le tribunal condamne le sieur Jérôme Morel à payer au sieur

Pierre Petit-Jean, négociant (1), *par toutes voies de droit, et même par corps, la somme de treize cents francs avec l'intérêt à dater du jour du protêt, et le condamne en outre aux dépens.*

Fait et jugé à Paris, le 13 septembre 1838.

— Et Louise, alors? et Louise? — s'écria Morel presque égaré, sans paraître entendre ce grimoire — où est-elle? Elle est donc sortie de chez le notaire, puisqu'il me fait emprisonner?.. Louise... mon Dieu! qu'est-elle devenue?

— Qui, ça, Louise? — dit Bourdin.

— Laisse-le donc — reprit brutalement Malicorne — est-ce que tu ne vois pas qu'il bat la breloque? Allons — et il s'approcha de Morel — allons, par file à gauche... en avant marche, décanillons; j'ai besoin de prendre l'air, ça empoisonne ici.

— Morel, n'y va pas. Défends-toi — s'écria Madeleine avec égarement. — Tue-les, ces

---

(1) L'habile notaire, ne pouvant poursuivre en son nom personnel, avait fait faire au malheureux Morel ce qu'on appelle une acceptation en blanc, et avait fait remplir la lettre de change par un tiers.

gueux-là. Oh! es-tu poltron!.. Tu te laisseras emmener, tu nous abandonneras!

— Faites comme chez vous, madame — dit Bourdin d'un air sardonique. — Mais si votre homme lève la main sur moi, je l'étourdis.

Seulement préoccupé de Louise, Morel n'entendait rien de ce qu'on disait autour de lui. Tout à coup une expression de joie amère éclaira son visage, il s'écria :

— Louise a quitté la maison du notaire... j'irai en prison de bon cœur... — Mais jetant un regard autour de lui, il s'écria : — Et ma femme... et sa mère... et mes autres enfants... qui les nourrira? On ne voudra pas me confier de pierres pour travailler en prison... on croira que c'est mon inconduite qui m'y envoie... Mais c'est donc la mort des miens, notre mort à tous qu'il veut, le notaire?

— Une fois! deux fois! finirons-nous? — dit Bourdin — ça nous embête, à la fin... Habillez-vous et filons.

— Mes bons messieurs, pardon de ce que je vous ai dit tout à l'heure! — s'écria Madeleine toujours couchée. — Vous n'aurez pas le cœur d'emmener Morel... Qu'est-ce que vous voulez que je devienne avec mes cinq enfants et ma mère qui est folle? tenez, la voyez-vous... là, accroupie sur son matelas?.. Elle est folle, mes bons messieurs!.. elle est folle!..

— La vieille tondue?

— Tiens! c'est vrai, elle est tondue — dit Malicorne; — moi, je croyais qu'elle avait un serre-tête blanc...

— Mes enfants, jetez-vous aux genoux de ces bons messieurs — s'écria Madeleine, voulant, par un dernier effort, attendrir les recors; — priez-les de ne pas emmener votre pauvre père... notre seul gagne-pain...

Malgré les ordres de leur mère, les enfants pleuraient, effrayés, n'osant pas sortir de leur grabat.

A ce bruit inaccoutumé, à l'aspect des deux recors qu'elle ne connaissait pas, l'idiote commença de jeter des hurlements sourds en se rencognant contre la muraille.

Morel semblait étranger à ce qui se passait autour de lui; ce coup était si affreux, si inattendu; les conséquences de cette arrestation lui apparaissaient si épouvantables, qu'il ne pouvait y croire... Déjà affaibli par des privations de toutes sortes, les forces lui manquaient; il restait pâle, hagard, assis sur son escabeau, affaissé sur lui-même, les bras pendants, la tête baissée sur sa poitrine...

— Ah çà! mille tonnerres!.. ça finira-t-il?.. — s'écria Malicorne. — Est-ce que vous croyez qu'on est à la noce ici? Marchons, ou je vous empoigne!

Le recors mit sa main sur l'épaule de l'artisan et le secoua rudement.

Cette menace, ce geste inspirèrent une grande frayeur aux enfants; les trois petits garçons sortirent de leur paillasse, à moitié nus, et vinrent, éplorés, se jeter aux pieds des gardes du commerce, joignant les mains, et criant d'une voix déchirante :

— Grâce!.. ne tuez pas notre père!..

A la vue de ces malheureux enfants frissonnant de froid et d'épouvante, Bourdin, malgré sa dureté naturelle et son habitude de pareilles scènes, se sentit presque ému. Son camarade, impitoyable, dégagea brutalement sa jambe des étreintes des enfants qui s'y cramponnaient suppliants.

—Eh! hu donc, les moutards!.. Quel chien de métier, si on avait toujours affaire à des mendiants pareils!..

Un épisode horrible rendit cette scène plus affreuse encore.

L'aînée des petites filles, restée couchée dans la paillasse avec sa sœur malade, s'écria tout à coup :

— Maman, maman, je ne sais pas ce qu'elle a... Adèle... Elle est toute froide! Elle me regarde toujours... et elle ne respire plus...

La pauvre enfant phthisique venait d'expirer doucement, sans une plainte, son regard toujours attaché sur celui de sa sœur, qu'elle aimait tendrement...

Il est impossible de rendre le cri que jeta la femme du lapidaire à cette affreuse révélation, car elle comprit tout.

Ce fut un de ces cris pantelants, convulsifs, arrachés du plus profond des entrailles d'une mère.

—Ma sœur a l'air d'être morte!.. mon Dieu! mon Dieu! j'en ai peur! — s'écria l'enfant en se précipitant hors de la paillasse et courant épouvantée se jeter dans les bras de sa mère.

Celle-ci, oubliant que ses jambes presque paralysées ne pouvaient la soutenir, fit un violent effort pour se lever et courir auprès de sa fille morte ; mais les forces lui manquèrent ; elle tomba sur le carreau en poussant un dernier cri de désespoir.

Ce cri trouva un écho dans le cœur de Morel ; il sortit de sa stupeur, d'un bond fut à la paillasse, y saisit sa fille âgée de quatre ans...

Il la trouva morte...

Le froid, le besoin avaient hâté sa fin... quoique sa maladie, fruit de la misère, fût mortelle.

Ses pauvres petits membres étaient déjà roidis et glacés...

CHAPITRE VII.

LOUISE.

Morel, ses cheveux gris hérissés par le désespoir et par l'effroi, restait immobile, tenant sa fille morte entre ses bras. Il la contemplait d'un œil fixe, sec et rouge.

— Morel, Morel... donnez-moi Adèle! — s'écriait la malheureuse mère en étendant les bras vers son mari. — Ce n'est pas vrai... non, elle n'est pas morte... tu vas voir, je vais la réchauffer...

La curiosité de l'idiote fut excitée par l'empressement des deux recors à s'approcher du lapidaire qui ne voulait pas se séparer du corps de son enfant. La vieille cessa de hurler, se leva de sa couche, s'approcha lentement, passa sa tête hideuse et stupide par-dessus l'épaule de Morel... et pendant quelques moments l'aïeule contempla le cadavre de sa petite-fille....

Ses traits gardèrent leur expression habituelle d'hébétement farouche ; au bout d'une minute, l'idiote fit entendre une sorte de bâillement caverneux, rauque, comme celui d'une bête affamée : puis, retournant à son grabat, elle s'y jeta en criant :

— A faim!! a faim!!

— Vous voyez, Messieurs, vous voyez, une pauvre petite fille de quatre ans, Adèle... Elle s'appelle Adèle. Je l'ai embrassée hier au soir encore ; et ce matin... voilà! Vous me direz que c'est toujours celle-là de moins à nourrir, et que j'ai du bonheur, n'est-ce pas? — dit l'artisan d'un air hagard.

Sa raison commençait à s'ébranler sous tant de coups réitérés.

— Morel, je veux ma fille ; je la veux! — s'écria Madeleine!

— C'est vrai, chacun son tour — répondit le lapidaire. Et il alla poser l'enfant dans les bras de sa femme.

Puis il cacha sa figure dans ses mains en poussant un long gémissement.

Madeleine, non moins égarée que son mari, enfouit dans la paille de son grabat le corps de sa fille, le couvant des yeux avec une sorte de jalousie sauvage, pendant que les autres enfants, agenouillés, éclataient en sanglots.

Les recors, un moment émus par la mort de l'enfant, retombèrent bientôt dans leur habitude de dureté brutale.

— Ah çà! voyons, camarade — dit Malicorne au lapidaire — votre fille est morte, c'est un malheur; nous sommes tous mortels; nous n'y pouvons rien, ni vous non plus... Il faut nous suivre; nous avons encore un particulier à pincer, car le gibier donne aujourd'hui...

Morel n'entendait pas cet homme.

Complétement égaré dans de funèbres pensées, l'artisan se disait d'une voix sourde et saccadée:

— Il va pourtant falloir ensevelir ma petite fille... la veiller... ici... jusqu'à ce qu'on vienne l'emporter... L'ensevelir!... mais avec quoi? nous n'avons rien... Et le cercueil... qui est-ce qui nous fera crédit? Oh! un cercueil tout petit... pour un enfant de quatre ans... ça ne doit pas être cher... et puis pas de corbillard... on prend ça sous son bras... Ah! ah! ah! — ajouta-t-il avec un éclat de rire effrayant — comme j'ai du bonheur!... elle aurait pu mourir à dix-huit ans, à l'âge de Louise, et on ne m'aurait pas fait crédit d'un grand cercueil...

— Ah çà mais, minute! ce gaillard-là est capable d'en perdre la boule — dit Bourdin à Malicorne; — regarde donc ses yeux... il fait peur... Allons, bon!... et la vieille idiote qui hurle la faim!... Quelle famille!...

— Faut pourtant en finir... Quoique l'arrestation de ce mendiant-là ne soit tarifée qu'à 76 francs 75 centimes, nous enflerons, comme de juste, les frais à 240 ou 250 francs. C'est le *loup* (1) qui paye...

— Dis donc qui avance; car c'est ce moineau-là qui payera les violons... puisque c'est lui qui va la danser...

— Quand celui-là aura de quoi payer à son

(1) Le créancier.

créancier 2,500 francs pour capital, intérêts, frais et tout... il fera chaud...

— Ça ne sera pas comme ici, car on gèle... — dit le recors en soufflant dans ses doigts. — Finissons-en, emballons-le, il pleurnichera en chemin... Est-ce que c'est notre faute, à nous, si sa petite est crevée?...

— Quand on est aussi gueux que ça on ne fait pas d'enfants.

— Ça lui apprendra! — ajouta Malicorne; puis, frappant sur l'épaule de Morel: — Allons, allons, camarade, nous n'avons pas le temps d'attendre; puisque vous ne pouvez pas payer, en prison!

— En prison, M. Morel! — s'écria une voix jeune et pure. Et une jeune fille brune, fraîche, rose et coiffée en cheveux, entra vivement dans la mansarde.

— Ah! mademoiselle Rigolette — dit un des enfants en pleurant — vous êtes si bonne! Sauvez papa, on veut l'emmener en prison, et notre petite sœur est morte...

— Adèle est morte! — s'écria la jeune fille, dont les grands yeux noirs et brillants se voilèrent de larmes. — Votre père en prison ! ça ne se peut pas...

Et, immobile, elle regardait tour à tour le lapidaire, sa femme et les recors.

Bourdin s'approcha de Rigolette.

— Voyons, ma belle enfant, vous qui avez votre sang-froid, faites entendre raison à ce brave homme; sa petite fille est morte, à la bonne heure! mais il faut qu'il nous suive à Clichy... à la prison pour dettes : nous sommes gardes du commerce...

— C'est donc vrai? — s'écria la jeune fille.

— Très vrai! La mère a la petite dans son lit, on ne peut pas la lui ôter ; ça l'occupe... Le père devrait profiter de ça pour filer.

— Mon Dieu ! mon Dieu, quel malheur ! — s'écria Rigolette — quel malheur! comment faire?

— Payer ou aller en prison, il n'y a pas de milieu; avez-vous deux ou trois billets de *mille* à leur prêter? — demanda Malicorne d'un air goguenard — si vous les avez, passez à votre caisse, et aboulez les *noyaux*, nous ne demandons pas mieux.

— Ah! c'est affreux! — dit Rigolette avec

indignation. Oser plaisanter devant un pareil malheur !

— Eh bien ! sans plaisanterie — reprit l'autre recors — puisque vous voulez être bonne à quelque chose, tâchez que la femme ne nous voie pas emmener le mari. Vous leur éviterez à tous les deux un mauvais quart d'heure.

Quoique brutal, le conseil était bon ; Rigolette le suivit, et s'approcha de Madeleine. Celle-ci, égarée par le désespoir, n'eut pas l'air de voir la jeune fille, qui s'agenouilla auprès du grabat avec les autres enfants.

Morel n'était revenu de son égarement passager que pour tomber sous le coup des réflexions les plus accablantes; plus calme, il put contempler l'horreur de sa position. Décidé à cette extrémité, le notaire devait être impitoyable, les recors faisaient leur métier.

L'artisan se résigna.

— Ah çà ! marchons-nous à la fin ? — lui dit Bourdin.

— Je ne puis pas laisser ces diamants ici ; ma femme est à moitié folle — dit Morel en montrant les diamants épars sur son établi. — La courtière pour qui je travaille doit venir les chercher ce matin ou dans la journée; il y en a pour une somme considérable.

— Bon — dit Tortillard, qui était toujours resté auprès de la porte entre-bâillée — bon, bon, bon, la Chouette saura ça.

— Accordez-moi seulement jusqu'à demain — reprit Morel — afin que je puisse remettre ces diamants à la courtière.

— Impossible! finissons tout de suite!

— Mais je ne peux pas, en laissant ces diamants ici, les exposer à être perdus.

— Emportez-les avec vous; notre fiacre est en bas, vous le payerez avec les frais. Nous irons chez votre courtière; si elle n'y est pas, vous déposerez ces pierreries au greffe de Clichy; ils seront aussi en sûreté là qu'à la Banque... Voyons, dépêchons; nous filerons sans que votre femme et vos enfants vous aperçoivent.

— Accordez-moi jusqu'à demain, que je puisse faire enterrer mon enfant! — demanda Morel d'une voix suppliante et altérée par les larmes qu'il contraignait.

— Non!.. voilà plus d'une heure que nous perdons ici...

— Cet enterrement vous attristerait encore — ajouta Malicorne.

— Ah ! oui... cela m'attristerait — dit Morel avec amertume. — Vous craignez tant d'attrister les gens !.. Alors un dernier mot...

— Voyons, sacrebleu ! dépêchez-vous !.. — dit Malicorne avec une impatience brutale.

— Depuis quand avez-vous ordre de m'arrêter ?

— Le jugement a été rendu il y a quatre mois, mais c'est hier que notre huissier a reçu l'ordre du notaire de le mettre à exécution...

— Hier seulement ?.. pourquoi si tard ?

— Est-ce que je sais, moi !.. Allons, v re paquet !

— Hier !... et Louise n'a pas paru ici : où est-elle ? qu'est-elle devenue ? — dit le lapidaire en tirant de l'établi une boîte de carton remplie de coton, dans laquelle il rangea les pierres. — Mais ne pensons pas à cela... En prison j'aurai le temps d'y songer.

— Voyons, faites vite votre paquet et habillez-vous.

— Je n'ai pas de paquet à faire, je n'ai

que ces diamants à emporter pour les consigner au greffe.

— Habillez-vous alors !..

— Je n'ai pas d'autres vêtements que ceux-là.

— Vous allez sortir avec ces guenilles ? — dit Bourdin.

— Je vous ferai honte, sans doute ? — dit le lapidaire avec amertume.

— Non, puisque nous allons dans votre fiacre — répondit Malicorne.

— Papa, maman t'appelle ! — dit un des enfants.

— Écoutez — murmura rapidement Morel en s'adressant à un des recors — ne soyez pas inhumain... accordez-moi une dernière grâce. Je n'ai pas le courage de dire adieu à ma femme, à mes enfants... mon cœur se briserait... S'ils vous voient m'emmener, ils accourront auprès de moi... Je voudrais éviter cela. Je vous en supplie, dites-moi tout haut que vous reviendrez dans trois ou quatre jours, et feignez de vous en aller... vous m'attendrez à l'étage au-dessous... je sortirai cinq minutes après... ça m'épargnera les adieux, je n'y résisterais pas, je vous assure... Je deviendrais fou... j'ai manqué le devenir tout à l'heure.

— Connu!.. vous voulez me *faire voir le tour!..* — dit Malicorne — vous voulez filer... vieux farceur!

— Oh! mon Dieu!.. mon Dieu!.. — s'écria Morel avec une douloureuse indignation.

— Je ne crois pas qu'il blague — dit tout bas Bourdin à son compagnon; — faisons ce qu'il demande, sans ça nous ne sortirons jamais d'ici; je vais d'ailleurs rester là en dehors de la porte... il n'y a pas d'autre sortie à la mansarde, il ne peut pas nous échapper.

— A la bonne heure, mais que le tonnerre l'emporte!.. quelle chenille! quelle chenille!.. — Puis, s'adressant à voix basse à Morel : — C'est convenu, nous vous attendons au quatrième... faites votre frime, et dépêchons!

— Je vous remercie — dit Morel.

— Eh bien! à la bonne heure! — reprit Bourdin à voix haute, en regardant l'artisan d'un air d'intelligence — puisque c'est comme ça, et que vous nous promettez de payer, nous vous laissons : nous reviendrons dans cinq ou six jours... mais alors soyez exact!

— Oui, messieurs, j'espère alors pouvoir payer — répondit Morel.

Les recors sortirent.

Tortillard, de peur d'être surpris, avait disparu dans l'escalier au moment où les gardes du commerce sortaient de la mansarde.

— Madame Morel, entendez-vous? — dit Rigolette en s'adressant à la femme du lapidaire pour l'arracher à sa lugubre contemplation — on laisse votre mari tranquille; ces deux hommes sont sortis.

— Maman, entends-tu? on n'emmène pas mon père — reprit l'aîné des garçons.

— Morel! écoute, écoute... Prends un des gros diamants, on ne le saura pas, et nous sommes sauvés — murmura Madeleine tout à fait en délire. — Notre petite Adèle n'aura plus froid, elle ne sera plus morte...

Profitant d'un instant où aucun des siens ne le regardait, le lapidaire sortit avec précaution.

Le garde du commerce l'attendait en dehors, sur une espèce de petit palier, aussi plafonné par le toit.

Sur ce palier s'ouvrait la porte d'un grenier qui prolongeait en partie la mansarde des

Morel, et dans lequel M. Pipelet serrait ses provisions de cuir. En outre (nous l'avons dit) le digne portier appelait ce réduit *sa loge de mélodrame*, parce qu'au moyen d'un trou pratiqué à la cloison entre deux lattes, il allait quelquefois assister aux tristes scènes qui se passaient chez les Morel.

Le recors remarqua la porte du grenier; un instant il pensa que peut-être son prisonnier avait compté sur cette issue pour fuir ou pour se cacher.

— Allons, en route, mauvaise troupe! — dit-il en mettant le pied sur la première marche de l'escalier, et il fit signe au lapidaire de le suivre.

— Une minute encore, par grâce!.. — dit Morel.

Il se mit à genoux sur le carreau; à travers une des fentes de la porte, il jeta un dernier regard sur sa famille, joignit les mains, et dit tout bas d'une voix déchirante en pleurant à chaudes larmes :

— Adieu! mes pauvres enfants... adieu! ma pauvre femme... adieu!

— Ah çà! finirez-vous vos antiennes? —

dit brutalement Bourdin. — Malicorne a bien raison, quelle chenille!.. quelle chenille!

Morel se releva, il allait suivre le recors, lorsque ces mots retentirent dans l'escalier :

— Mon père! mon père!

— Louise! s'écria le lapidaire en levant les mains au ciel — Je pourrai donc l'embrasser avant de partir!

— Merci, mon Dieu! j'arrive à temps!.. — dit la voix en se rapprochant de plus en plus.

Et on entendit la jeune fille monter précipitamment l'escalier.

— Soyez tranquille, ma petite — dit une troisième voix aigre, poussive, essoufflée, partant d'une région plus inférieure — je m'embusquerai, s'il le faut, dans l'allée, nous deux mon balai et mon vieux chéri, et ils ne sortiront pas d'ici que vous ne leur ayez parlé, les gueusards!

On a sans doute reconnu madame Pipelet, qui, moins ingambe que Louise, la suivait lentement.

Quelques minutes après, la fille du lapidaire était dans les bras de son père.

— C'est toi, Louise! ma bonne Louise! — disait Morel en pleurant. — Mais comme tu es pâle! Mon Dieu! qu'as-tu?

— Rien... rien... — répondit Louise en balbutiant. — J'ai couru si vite!.. Voici l'argent...

— Comment!!..

— Tu es libre!

— Tu savais donc?

— Oui, oui... Prenez, monsieur, voici l'argent — dit la jeune fille en donnant un rouleau d'or à Malicorne.

— Mais cet argent, Louise! cet argent!

— Tu sauras tout... sois tranquille... Viens rassurer ma mère!

— Non, tout à l'heure! — s'écria Morel en se plaçant devant la porte; il pensait à la mort de sa petite fille que Louise ignorait encore. — Attends, il faut que je te parle... Mais cet argent?

— Minute! — dit Malicorne en finissant de compter les pièces d'or qu'il empocha. — Soixante-quatre, soixante-cinq; ça fait treize cents francs. Est-ce que vous n'avez que ça, la petite mère?

4.

— Mais tu ne dois que treize cents francs? — dit Louise stupéfaite en s'adressant à son père.

— Oui — dit Morel.

— Minute!.. — reprit le recors; — le billet est de treize cents francs, bon; voilà le billet payé... mais les frais?... sans l'arrestation, il y en a déjà pour onze cent quarante francs.

— Oh! mon Dieu! mon Dieu! — s'écria Louise — je croyais que ce n'était que treize cents francs. Mais, monsieur... plus tard on vous paiera le reste... voilà un assez fort à-compte... n'est-ce pas, mon père?

— Plus tard... à la bonne heure!... apportez l'argent au greffe et on lâchera votre père. Allons, marchons!...

— Vous l'emmenez!!

— Et roide... C'est un à-compte... qu'il paie le reste, il sera libre... Passe, Bourdin, et en route!

— Grâce... grâce!... — s'écria Louise.

— Ah! quelle scie!... voilà les geigneries qui recommencent; c'est à vous faire suer en plein hiver... ma parole d'honneur! — dit brutalement le recors. Puis s'avançant vers

Morel : — Si vous ne marchez pas tout de suite je vous empoigne au collet et je vous fais descendre bon train : c'est embêtant, à la fin !

— Oh ! mon pauvre père... moi qui le croyais sauvé au moins ! — dit Louise avec accablement.

— Non... non... Dieu n'est pas juste !.. — s'écria le lapidaire d'une voix désespérée, en frappant du pied avec rage.

— Si, Dieu est juste... il a toujours pitié des honnêtes gens qui souffrent — dit une voix douce et vibrante.

Au même instant Rodolphe parut à la porte du petit réduit, d'où il avait invisiblement assisté à plusieurs des scènes que nous venons de raconter.

Il était pâle et profondément ému.

A cette apparition subite, les recors reculèrent; Morel et sa fille regardèrent cet inconnu avec stupeur.

Tirant de la poche de son gilet un petit paquet de billets de banque pliés, Rodolphe en prit trois, et les présentant à Malicorne, lui dit :

— Voici 2,500 francs, rendez à cette jeune fille l'or qu'elle vous a donné!

De plus en plus étonné, le recors prit les billets en hésitant, les examina en tous sens, les tourna, les retourna, finalement les empocha. Puis, sa grossièreté reprenant le dessus à mesure que son étonnement mêlé de frayeur se dissipait, il toisa Rodolphe et lui dit :

— Ils sont bons, vos billets; mais comment avez-vous entre les mains une somme pareille? Est-elle bien à vous au moins? — ajouta-t-il.

Rodolphe était très-modestement vêtu et couvert de poussière, grâce à son séjour dans le grenier de M. Pipelet.

— Je t'ai dit de rendre cet or... à cette jeune fille — répondit Rodolphe d'une voix brève et dure.

— Je t'ai dit!!.. Et pourquoi donc que tu me tutoies!.. — s'écria le recors en s'avançant vers Rodolphe d'un air menaçant.

— Cet or !.. cet or !.. — dit le prince en saisissant et en serrant si violemment le poignet de Malicorne, que celui-ci plia sous cette étreinte de fer et s'écria :

— Oh ! mais vous me faites mal... lâchez-moi!..

— Rends-donc cet or!... Tu es payé, va-t'en... sans dire d'insolence, ou je te jette en bas de l'escalier.

— Eh bien ! le voilà, cet or — dit Malicorne en remettant le rouleau à la jeune fille — mais ne me tutoyez pas et ne me maltraitez pas... parce que vous êtes plus fort que moi...

— C'est vrai... qui êtes-vous pour vous donner ces airs-là — dit Bourdin en s'abritant derrière son confrère — qui êtes-vous?

— Qui ça est? mal-appris... c'est mon locataire... le roi des locataires, mal-embouchés que vous êtes! — s'écria madame Pipelet, qui apparut enfin tout essoufflée, et toujours coiffée de sa perruque blonde à la Titus. La portière tenait à la main un poêlon de terre rempli de soupe fumante qu'elle apportait charitablement aux Morel.

— Qu'est-ce qu'elle veut, cette vieille fouine? — dit Bourdin.

— Si vous attaquez mon physique, je me jette sur vous et je vous mords — s'écria madame Pipelet — et par là-dessus mon locataire, mon roi des locataires, vous fichera du haut en bas des escaliers comme il le dit... Et je vous balayerai comme un tas d'ordures que vous êtes.

— Cette vieille est capable d'ameuter la maison contre nous. Nous sommes payés, nous avons fait nos frais, filons! — dit Bourdin à Malicorne.

— Voici vos pièces! dit celui-ci en jetant un dossier aux pieds de Morel.

— Ramasse!... On te paye pour être honnête — dit Rodolphe, et arrêtant le recors d'une main vigoureuse, de l'autre il lui montra les papiers.

Sentant, à cette nouvelle et redoutable étreinte, qu'il ne pourrait lutter contre un pareil adversaire, le garde du commerce se baissa en murmurant, ramassa le dossier, et le remit à Morel, qui le prit machinalement.

Il croyait rêver.

— Vous, quoique vous ayez une poigne de fort de la halle, ne tombez jamais sous notre coupe! — dit Malicorne.

Et après avoir montré le poing à Rodolphe, d'un saut il enjamba dix marches, suivi de son complice, qui regardait derrière lui avec un certain effroi.

Madame Pipelet se mit en mesure de venger Rodolphe des menaces du recors; regardant son poêlon d'un air inspiré, elle s'écria héroïquement :

— Les dettes des Morel sont payées... ils vont avoir de quoi manger; ils n'ont plus besoin de ma pâtée, gare là-dessous ! !

Et, se penchant sur la rampe, la vieille vida le contenu de son poêlon sur le dos des deux recors, qui arrivaient à ce moment au premier étage.

—Et alllllez...donc !—ajouta la portière—les voilà trempés... comme une soupe...comme deux soupes... eh! eh! eh! c'est le cas de le dire...

— Mille millions de tonnerres ! — s'écria Malicorne inondé de la préparation culinaire de madame Pipelet—voulez-vous faire attention là-haut... vieille gaupe !...

— Alfred ! — riposta madame Pipelet en criant à tue-tête, d'une voix aiguë à percer le tympan d'un sourd... — Alfred ! — tape dessus, vieux chéri !.. ils ont voulu faire les Bédouins avec ta *Stasie* (Anastasie). Ces deux indécents... ils m'ont saccagée... tape dessus à grands coups de balai... Dis à l'écaillère et au rogomiste de t'aider... A vous ! à vous ! à vous ! au chat ! au chat !.. au voleur !.. Kiss ! kiss ! kiss !.. Brrrrrr... Hou... hou !.. Tape dessus !.. vieux chéri !!! Boum !.. boum !!!..

Et pour clore formidablement ces onomatopées qu'elle avait accompagnées de trépignements furieux, madame Pipelet, emportée par l'ivresse de la victoire, lança du haut en bas de l'escalier son poêlon de faïence, qui, se brisant avec un bruit épouvantable au moment où les recors, étourdis de ses cris affreux, descendaient *quatre à quatre* les dernières marches, augmenta prodigieusement leur effroi.

Et alllllez donc — s'écria Anastasie en riant aux éclats et en se croisant les bras dans une attitude triomphante...

. . . .

Pendant que madame Pipelet poursuivait

les recors de ses injures et de ses huées, Morel s'était jeté aux pieds de Rodolphe.

— Ah! monsieur, vous nous sauvez la vie!.. A qui devons-nous ce secours inespéré?..

— A Dieu ; vous le voyez, il a toujours pitié des honnêtes gens (1).

(1) Voici quelques faits curieux sur la contrainte par corps, cités dans *le Pauvre Jacques*, journal publié sous le patronage de la SOCIÉTÉ DE LA MORALE CHRÉTIENNE (*Comité des Prisons*) :

« Un protêt et une signification de contrainte par corps, tarifés par la loi, le premier à 4 fr. 35 c., et la seconde à 4 fr. 70 c., sont généralement portés par les huissiers, le premier à 10 fr. 40 c., le second à 16 fr. 40 c. Les huissiers font donc illégalement payer 26 fr. 80 c. ce qui est tarifé par la loi à 9 fr. 50 c.

» Pour une arrestation la loi accorde aux gardes du commerce : timbre et enregistrement, 3 fr. 50 c.; le fiacre, 5 fr.; l'arrestation et l'écrou, 60 fr. 25 c. ; droit de greffe, 8 fr. Total : 76 fr. 75 c.

» Une note de frais citée comme moyenne de ce que réclament ordinairement les gardes du commerce pour une arrestation, porte ces frais à 240 fr. environ, au lieu de 76 fr. légalement dus. »

On lit enfin dans le même journal :

« Le garde du commerce *** est venu nous prier de rectifier l'article de *la Femme pendue*. Ce n'est pas moi, dit-il, *qui lui ai donné la mort*. Nous n'avons pas dit que *** eût tué cette malheureuse femme. Nous reproduisons textuellement notre article :

« Le garde du commerce *** va pour arrêter un menuisier rue
» de la Lune ; le menuisier l'aperçoit dans la rue ; il crie : — Je
» suis perdu, on vient pour m'arrêter ! — Sa femme l'entend,

» ferme la porte, et le menuisier va se cacher dans son grenier.
» Le garde du commerce va chercher le juge de paix et un serru-
» rier ; la porte de la chambre de la femme est enfoncée........ *la*
» *femme s'était pendue !* Le garde du commerce ne s'arrête pas
» à la vue du cadavre ; il continue sa perquisition, et trouve enfin
» le mari. — Je vous arrête. — Je n'ai pas d'argent. — En ce cas,
» en prison ! — Je vous suis ; laissez-moi dire adieu à ma femme.

« — *Ça n'est pas la peine ; votre femme s'est pendue, elle*
» *est morte......* »

« Qu'avez-vous à dire, M*** ? (ajoute le journal que nous citons) ; nous *n'avons fait que copier votre procès-verbal d'écrou,* dans lequel vous avez horriblement et minutieusement décrit cette épouvantable histoire. »

Enfin le même journal cite deux ou trois cents faits dont le suivant est pour ainsi dire la moyenne :

« *Sur un billet de 300 fr. de capital, un huissier a fait 964 fr. de frais. Le débiteur, ouvrier, père de cinq enfants, est en prison depuis sept mois.* »

Pour deux raisons l'auteur de ce livre emprunte ces citations au *Pauvre Jacques* :

D'abord pour montrer que le chapitre qu'on vient de lire est, dans son invention, encore au dessous de la réalité ;

Puis surtout pour prouver que seulement, au point de vue philanthropique, le maintien d'un tel état de choses (l'exorbitance des frais illégalement et impunément perçus par certains officiers publics) paralyse souvent les plus généreuses intentions...... Ainsi, avec 1,000 francs on pourrait arracher à la prison et rendre à leur famille trois ou quatre honnêtes et malheureux ouvriers presque toujours incarcérés pour des sommes de 250 ou 300 francs ; mais ces sommes étant triplées par une déplorable exagération de frais, souvent les personnes les plus charitables reculent devant une bonne œuvre, en songeant que les deux tiers de leur libéralité doivent profiter aux huissiers et à leurs recors.

Et pourtant il est peu de misères plus dignes d'intérêt et de pitié que celle des infortunés dont nous venons de parler. E. S.

CHAPITRE VIII.

RIGOLETTE.

Louise, la fille du lapidaire, était remarquablement belle, d'une beauté grave: svelte et grande, elle tenait de la Junon antique par la régularité de ses traits sévères, et de la Diane chasseresse par l'élégance de sa taille élevée. Malgré le hâle de son teint, malgré la rougeur rugueuse de ses mains d'un très-beau galbe, mais durcies par les travaux domestiques, malgré ses humbles vêtements, cette jeune fille avait un extérieur plein de noblesse, que l'artisan, dans son admiration paternelle, appelait un *air de princesse.*

Nous n'essayerons pas de peindre la reconnaissance et la stupeur joyeuse de cette famille, si brusquement arrachée à un sort épouvantable. Un moment même, dans cet enivrement subit, la mort de la petite fille fut oubliée.

Rodolphe seul remarqua l'extrême pâleur de Louise et la sombre préoccupation dont elle semblait toujours accablée, malgré la délivrance de son père.

Voulant rassurer complétement les Morel sur leur avenir et expliquer une libéralité qui pouvait compromettre son incognito, Rodolphe dit au lapidaire, qu'il emmena sur le palier pendant que Rigolette préparait Louise à apprendre la mort de sa petite sœur :

— Avant-hier matin une jeune dame est venue chez vous ?

— Oui, monsieur, et a paru bien peinée de l'état où elle nous voyait.

— Après Dieu, c'est elle que vous devez remercier, non pas moi...

— Il serait vrai !... monsieur ? cette jeune dame...

— Est votre bienfaitrice. J'ai souvent porté des étoffes chez elle : en venant louer ici une chambre au quatrième, j'ai appris par la portière votre cruelle position... comptant sur la charité de cette dame, j'ai couru chez elle... et avant-hier elle était ici, afin de juger par elle-même de l'étendue de votre malheur: elle en a été douloureusement émue; mais comme ce malheur pouvait être le fruit de l'inconduite, elle m'a chargé de prendre moi-même, et le plus tôt possible, des renseignements sur vous, désirant proportionner ses bienfaits à votre probité.

—Bonne et excellente dame! j'avais bien raison de dire...

—De dire à Madeleine: *Si les riches savaient!* n'est-ce pas?

—Comment, monsieur, connaissez-vous le nom de ma femme?... qui vous a appris que...

—Depuis ce matin six heures—dit Rodolphe en interrompant Morel—je suis caché dans le petit grenier qui avoisine votre mansarde.

—Vous?... monsieur!...

—Et j'ai tout entendu, tout, honnête et excellent homme!!!

— Mon Dieu!... Mais comment étiez-vous là?

— En bien ou en mal je ne pouvais être mieux renseigné que par vous-même; j'ai voulu tout voir, tout entendre à votre insu... Le portier m'avait parlé de ce petit réduit en me proposant de me le céder pour en faire un bûcher. Ce matin je lui ai demandé à le visiter, j'y suis resté une heure, et j'ai pu me convaincre qu'il n'y avait pas un caractère plus probe, plus noble, plus courageusement résigné que le vôtre.

— Mon Dieu, monsieur, il n'y a pas grand mérite: je suis né comme ça, et je ne pourrais pas faire autrement...

— Je le sais; aussi je ne vous loue pas, je vous apprécie... J'allais sortir de ce réduit pour vous délivrer des recors, lorsque j'ai entendu la voix de votre fille. J'ai voulu lui laisser le plaisir de vous sauver... Malheureusement la rapacité des gardes du commerce a enlevé cette douce satisfaction à la pauvre Louise ; alors j'ai paru. J'avais reçu hier quelques sommes qui m'étaient dues, j'ai été à même de faire une avance à votre bienfaitrice en payant pour vous cette malheureuse dette. Mais votre infortune a été si grande, si honnête, si digne, que l'intérêt qu'on vous porte, et que vous méritez, ne s'arrêtera pas là. Je puis, au nom de votre ange sauveur, vous répondre d'un avenir paisible, heureux, pour vous et pour les vôtres...

— Il serait possible!.. Mais, au moins, son nom, monsieur? son nom, à cet ange du ciel, à cet ange sauveur, comme vous l'appelez?

— Oui, c'est un ange... Et vous aviez encore raison de dire que grands et petits avaient leurs peines.

— Cette dame serait malheureuse?

— Qui n'a pas ses chagrins?... Mais je ne vois aucune raison de vous taire son nom... Cette dame s'appelle...

Songeant que madame Pipelet n'ignorait pas que madame d'Harville était venue dans la maison pour demander le *Commandant*, Rodolphe, craignant l'indiscret bavardage de la portière, reprit après un moment de silence :

— Je vous dirai le nom de cette dame... à une condition...

— Oh! parlez, monsieur!..

— C'est que vous ne le répéterez à personne... vous entendez? à personne...

— Oh! je vous le jure... Mais ne pourrais-je pas au moins la remercier, cette providence des malheureux?

— Je le demanderai à madame d'Harville, je ne doute pas qu'elle n'y consente...

— Cette dame se nomme?

— Madame la marquise d'Harville.

— Oh! je n'oublierai jamais ce nom-là. Ce sera ma sainte... mon adoration... Quand je pense que, grâce à elle, ma femme, mes enfants sont sauvés!... Sauvés! pas tous... pas tous... ma pauvre petite Adèle, nous ne la reverrons plus!.. Hélas! mon Dieu, il faut se dire qu'un jour ou l'autre nous l'aurions perdue, qu'elle était condamnée...

Et le lapidaire essuya ses larmes...

— Quant aux derniers devoirs à rendre à cette pauvre petite, si vous m'en croyez... voilà ce qu'il faut faire... Je n'occupe pas encore ma chambre; elle est grande, saine, aérée; il y a déjà un lit, on y transportera ce qui sera nécessaire pour que vous et votre famille vous puissiez vous établir là, en attendant que madame d'Harville ait trouvé à vous caser convenablement... Le corps de votre enfant restera dans la mansarde, où il sera cette nuit, comme il convient, gardé et veillé par un prêtre. Je vais prier M. Pipelet de s'occuper de ces tristes détails.

— Mais, monsieur... vous priver de votre chambre!.. ça n'est pas la peine... Maintenant que nous voilà tranquilles, que je n'ai plus peur d'aller en prison... notre pauvre logis me semblera un palais, surtout si ma Louise nous reste... pour tout soigner comme par le passé...

— Votre Louise ne vous quittera plus... Vous disiez que ce serait votre luxe de l'avoir toujours auprès de vous... Ce sera mieux... ce sera votre récompense...

— Mon Dieu... monsieur, est-ce possible? ça me paraît un rêve... Je n'ai jamais été dévot... mais un tel coup du sort... un secours si providentiel... ça vous ferait croire!..

— Croyez toujours... qu'est-ce que vous risquez?..

—C'est vrai... — répondit naïvement Morel — qu'est-ce qu'on risque?...

— Si la douleur d'un père pouvait reconnaître des compensations, je vous dirais qu'une de vos filles vous est retirée, mais que l'autre vous est rendue.

— C'est juste, monsieur. Nous aurons notre Louise maintenant...

— Vous acceptez ma chambre, n'est-ce pas? sinon comment faire pour cette triste veillée mortuaire?... Songez donc à votre femme, dont la tête est déjà si faible... lui laisser pendant vingt-quatre heures un si douloureux spectacle sous les yeux !

— Vous songez à tout !.. à tout !.. Combien vous êtes bon, monsieur !

— C'est votre ange bienfaiteur qu'il faut remercier, sa bonté m'inspire. Je vous dis ce qu'il vous dirait, il m'approuvera, j'en suis sûr... Ainsi vous acceptez, c'est convenu... Maintenant dites-moi, ce Jacques Ferrand?..

Un sombre nuage passa sur le front de Morel.

— Ce Jacques Ferrand — reprit Rodolphe — est bien Jacques Ferrand, notaire, qui demeure rue du Sentier?

— Oui, monsieur... Est-ce que vous le connaissez?

Puis, assailli de nouveau par ses craintes au sujet de Louise, Morel s'écria :

— Puisque vous le connaissez, monsieur, dites... dites... ai-je le droit d'en vouloir à cet homme?.. et qui sait... si ma fille... ma Louise...

Il ne put achever et cacha sa figure dans ses mains.

Rodolphe comprit ses craintes.

— La démarche même du notaire — lui dit-il — doit vous rassurer : il vous faisait sans doute arrêter pour se venger des dédains de votre fille; du reste, j'ai tout lieu de croire que c'est un malhonnête homme... S'il en est ainsi — dit Rodolphe, après un moment de silence — comptons sur la Providence pour le punir...

— Il est bien riche et bien hypocrite, monsieur !

— Vous étiez bien pauvre et bien désespéré!... la Providence vous a-t-elle failli?

— Oh! non, monsieur... grand Dieu!.. ne croyez pas que je dise cela par ingratitude...

— Un ange sauveur est venu à vous... un vengeur inexorable atteindra peut-être le notaire... s'il est coupable.

A ce moment, Rigolette sortit de la mansarde en essuyant ses yeux.

Rodolphe dit à la jeune fille :

— N'est-ce pas, ma voisine, que M. Morel fera bien d'occuper ma chambre avec sa famille, en attendant que son bienfaiteur, dont je ne suis que l'agent, lui ait trouvé un logement convenable?

Rigolette regarda Rodolphe d'un air étonné.

— Comment, monsieur... vous seriez assez généreux?...

— Oui, mais à une condition... qui dépend de vous, ma voisine...

— Oh! tout ce qui dépendra de moi...

— J'avais quelques comptes très-pressés à régler pour mon patron... on doit les venir chercher tantôt... mes papiers sont en bas. Si, en qualité de voisine, vous vouliez me permettre de m'occuper de ce travail chez vous... sur un coin de votre table... pendant que vous travaillerez? je ne vous dérangerais pas, et la famille Morel pourrait tout de suite, avec l'aide de M. et madame Pipelet, s'établir chez moi.

— Oh! si ce n'est que cela, monsieur, bien volontiers; entre voisins on doit s'entr'aider... Vous donnez l'exemple par ce que vous faites pour ce bon M. Morel... A votre service, monsieur...

— Appelez-moi *mon voisin*... sans cela ça me gênera... et je n'oserai pas accepter — dit Rodolphe en souriant.

— Qu'à cela ne tienne! Je puis bien vous appeler mon voisin, puisque vous l'êtes.

— Papa, maman te demande;... viens! viens! dit un des petits garçons en sortant de la mansarde.

— Allez, mon cher monsieur Morel; quand tout sera prêt en bas, on vous en fera prévenir.

Le lapidaire rentra précipitamment chez lui.

— Maintenant, ma voisine — dit Rodolphe à Rigolette — il faut encore que vous me rendiez un service.

— De tout mon cœur, si c'est possible, mon voisin.

— Vous êtes, j'en suis sûr, une excellente petite ménagère; il s'agirait d'acheter à l'instant ce qui est nécessaire pour que la famille Morel soit convenablement vêtue, couchée et établie dans ma chambre, où il n'y a encore que mon mobilier de garçon (et il n'est pas lourd) qu'on a apporté hier. Comment allons-nous faire pour nous procurer tout de suite ce que je désire pour les Morel?

Rigolette réfléchit un moment et répondit :

— Avant deux heures vous aurez ça, de bons vêtements tout faits, bien chauds, bien propres, du bon linge bien blanc pour toute la famille, deux petits lits pour les enfants, un pour la grand'mère, tout ce qu'il faut enfin... mais, par exemple, cela coûtera beaucoup, beaucoup d'argent.

— Et combien?

— Oh! au moins... au moins cinq ou six cents francs...

— Pour le tout?

— Hélas! oui... vous voyez, c'est bien de l'argent! — dit Rigolette en ouvrant de grands yeux et en secouant la tête.

— Et nous aurions ça?

— Avant deux heures !

— Mais vous êtes donc une fée, ma voisine?

— Mon Dieu, non; c'est bien simple... Le *Temple* est à deux pas d'ici, et vous y trouverez tout ce dont vous aurez besoin.

— Le Temple?

— Oui, le Temple.

— Qu'est-ce que cela?

— Vous ne connaissez pas le Temple, mon voisin?

— Non, ma voisine.

— C'est pourtant là où les gens comme vous et moi se meublent et se nippent, quand ils sont économes. C'est bien moins cher qu'ailleurs et c'est aussi bon...

— Vraiment?

— Je le crois bien; tenez, je suppose... combien avez-vous payé votre redingote?

— Je ne vous dirai pas précisément...

— Comment, mon voisin, vous ne savez pas ce que coûte votre redingote?

— Je vous avouerai en confidence, ma voisine — dit Rodolphe souriant — que je la dois... Alors, vous comprenez... je ne peux pas savoir...

—Ah! mon voisin... mon voisin... vous me faites l'effet de ne pas avoir beaucoup d'ordre.

—Hélas! non, ma voisine.

—Il faudra vous corriger de cela, si vous voulez que nous soyons amis... et je vois déjà que nous le serons... vous avez l'air si bon! Vous verrez que vous ne serez pas fâché de m'avoir pour voisine. Vous m'aiderez... je vous aiderai... on est voisin, c'est pour ça... J'aurai bien soin de votre linge... vous me donnerez un coup de main pour cirer ma chambre... Je suis matinale, je vous réveillerai afin que vous ne soyez pas en retard à votre magasin. Je frapperai à votre cloison jusqu'à ce que vous m'ayez dit : —Bonjour, voisine!

—C'est convenu, vous m'éveillerez, vous aurez soin de mon linge, et je cirerai votre chambre.

—Et vous aurez de l'ordre?

—Certainement.

— Et quand vous aurez quelques effets à acheter, vous irez au Temple; car, tenez, un exemple : votre redingote vous coûte 80 fr., je suppose; eh bien! vous l'auriez eue au Temple pour 3o fr.

— Mais c'est merveilleux!.. Ainsi, vous croyez qu'avec cinq ou six cents francs ces pauvres Morel?..

— Seraient nippés de tout, et très-bien, et pour long-temps.

— Ma voisine, une idée!..

— Voyons l'idée!

— Vous vous connaissez en objets de ménage?

— Mais oui... un peu — dit Rigolette avec une nuance de fatuité.

— Prenez mon bras, et allons au Temple acheter de quoi nipper les Morel, ça va-t-il?

— Oh! quel bonheur!.. pauvres gens!.. mais de l'argent?

— J'en ai.

— Cinq cents francs?

— Le bienfaiteur des Morel m'a donné carte blanche, il n'épargnera rien pour que ces braves gens soient bien... S'il y a même un endroit où l'on trouve de meilleures fournitures qu'au Temple...

— On ne trouve nulle part rien de mieux,

et puis il y a de tout et tout fait : de petites robes pour les enfants, des robes pour leur mère.

— Allons au Temple alors, ma voisine...

— Ah ! mon Dieu, mais...

— Quoi donc ?

— Rien... c'est que, voyez-vous... mon temps... c'est tout mon avoir; je me suis déjà même un peu arriérée... en venant par-ci par-là veiller la pauvre femme Morel; et vous concevez, une heure d'un côté, une heure de l'autre, ça fait petit à petit une journée; une journée, c'est trente sous; et quand on ne gagne rien un jour, il faut vivre tout de même... mais, bah !.. c'est égal... je prendrai cela sur ma nuit... et puis, tiens! les parties de plaisir sont rares, et je me fais une joie de celle-là... il me semblera que je suis riche... riche, riche, et que c'est avec mon argent que j'achète toutes ces bonnes choses pour ces pauvres Morel... Eh bien! voyons, le temps de mettre mon châle, un bonnet, et je suis à vous, mon voisin.

— Si vous n'avez que ça à mettre, ma voisine... voulez-vous que pendant ce temps-là j'apporte mes papiers chez vous?

— Bien volontiers, ça fait que vous verrez ma chambre — dit Rigolette avec orgueil — car mon ménage est déjà fait, ce qui vous prouve que je suis matinale, et que si vous êtes dormeur et paresseux... tant pis pour vous, je vous serai un mauvais voisinage...

Et, légère comme un oiseau, Rigolette descendit l'escalier, suivie de Rodolphe, qui alla chez lui se débarrasser de la poussière du grenier de M. Pipelet.

Nous dirons plus tard pourquoi Rodolphe n'était pas encore prévenu de l'enlèvement de Fleur-de-Marie, qui avait eu lieu la veille à la ferme de Bouqueval, et pourquoi il n'était pas venu visiter les Morel le lendemain de son entretien avec madame d'Harville.

Nous rappellerons de plus au lecteur que, mademoiselle Rigolette sachant seule la nouvelle adresse de François-Germain, fils de madame Georges, Rodolphe avait un grand intérêt à pénétrer cet important secret.

La promenade au Temple qu'il venait de proposer à la grisette devait la mettre en confiance avec lui et le distraire des tristes pensées qu'avait éveillées en lui la mort de la petite fille de l'artisan.

L'enfant que Rodolphe regrettait amèrement avait dû mourir à peu près à cet âge...

C'était, en effet, à cet âge que Fleur-de-Marie avait été livrée à la Chouette par la femme de charge du notaire Jacques Ferrand.

Nous dirons plus tard dans quel but et dans quelles circonstances.

Rodolphe armé, par manière de contenance, d'un formidable rouleau de papiers, entra dans la chambre de Rigolette.

Rigolette était à peu près du même âge que la Goualeuse, son ancienne amie de prison.

Il y avait entre ces deux jeunes filles la différence qu'il y a entre le rire et les larmes;

Entre l'insouciance joyeuse et la rêverie mélancolique;

Entre l'imprévoyance la plus audacieuse et une sombre, une incessante préoccupation de l'avenir;

Entre une nature délicate, exquise, élevée, poétique, douloureusement sensible, incurablement blessée par le remords... et une nature gaie, vive, heureuse, mobile, prosaïque, irréfléchie, quoique bonne et compatissante.

Car, loin d'être égoïste, Rigolette n'avait de chagrins que ceux des autres; elle y sympathisait de toutes ses forces, se dévouait corps et âme à ce qui souffrait; mais n'y songeait plus, *le dos tourné*, comme on dit vulgairement.

Souvent elle s'interrompait de rire aux éclats pour pleurer sincèrement, et elle s'interrompait de pleurer pour rire encore.

En véritable enfant de Paris, Rigolette préférait l'étourdissement au calme, le mouvement au repos, l'âpre et retentissante harmonie de l'orchestre des bals de la *Chartreuse* ou du *Colysée* au doux murmure du vent, des eaux et du feuillage...

Le tumulte assourdissant des carrefours de Paris à la solitude des champs...

L'éblouissement des feux d'artifice, le flamboiement du *bouquet*, le fracas des bombes, à la sérénité d'une belle nuit pleine d'étoiles, d'ombre et de silence.

Hélas! oui, la bonne fille préférait franchement la boue noire des rues de la *capitale* au verdoiement des prés fleuris, ses pavés fangeux ou brûlants à la mousse fraîche et veloutée des sentiers des bois parfumés de violettes ; la poussière suffocante des barrières ou des boulevards au balancement des épis d'or, émaillés de l'écarlate des pavots sauvages et de l'azur des bluets...

Rigolette ne quittait sa chambre que le dimanche, et le matin de chaque jour, pour faire sa provision de *mouron, de pain, de lait et de millet pour elle et ses deux oiseaux,* comme disait madame Pipelet; mais elle vivait à Paris pour Paris. Elle eût été au désespoir d'habiter ailleurs que dans la *capitale.*

Autre anomalie : malgré ce goût des plaisirs parisiens, malgré la liberté ou plutôt l'abandon où elle se trouvait, étant seule au monde... malgré l'économie fabuleuse qu'il lui fallait mettre dans ses moindres dépenses pour vivre avec environ trente sous par jour, malgré la plus piquante, la plus espiègle, la plus adorable petite figure du monde, jamais Rigolette ne choisissait ses amoureux... (nous ne dirons pas ses amants; l'avenir prouvera si l'on doit considérer les *propos* de madame Pipelet, au sujet des voisins de la grisette, comme des calomnies ou des indiscrétions.) Rigolette, disons-nous, ne choisissait ses amoureux que dans sa classe, c'est-à-dire ne choisissait que ses voisins... et cette égalité devant le loyer était loin d'être chimérique.

Un opulent et célèbre artiste, un moderne *Raphaël* dont Cabrion était le *Jules Romain*, avait vu un portrait de Rigolette, qui, dans cette *étude* d'après nature, n'était aucunement flattée. Frappé des traits charmants de la jeune fille, le maître soutint à son élève qu'il avait poétisé, idéalisé son modèle; Cabrion, fier de sa jolie voisine, proposa à son maître de la lui faire voir *comme objet d'art*, un dimanche, au bal de l'Hermitage. Le *Raphaël*, charmé de cette ravissante figure, fit tous ses efforts pour supplanter son *Jules Romain*. Les offres les plus séduisantes, les plus splendides, furent faites à la grisette : elle les refusa héroïquement, tandis que le dimanche, sans façon et sans scrupule, elle acceptait d'un voisin un modeste dîner au *Méridien* (cabaret renommé du boulevard du Temple) et une place de galerie à *la Gaîté* ou à *l'Ambigu*.

De telles intimités étaient fort compromettantes, et pouvaient faire singulièrement soupçonner la vertu de Rigolette.

Sans nous expliquer encore à ce sujet, nous ferons remarquer qu'il est dans certaines délicatesses relatives des secrets et des abîmes impénétrables.

— Quelques mots de la figure de la grisette, et nous introduirons Rodolphe dans la chambre de sa voisine.

Rigolette avait dix-huit ans à peine, une taille moyenne, petite même. mais si gracieusement tournée, si finement cambrée, si voluptueusement arrondie... mais qui répondait si bien à sa démarche à la fois leste et furtive, qu'elle paraissait accomplie : un pouce de plus lui eût fait beaucoup perdre de son gracieux ensemble ; le mouvement de ses petits pieds, toujours irréprochablement chaussés de bottines de casimir noir à semelle un peu épaisse, rappelait l'allure alerte, coquette et discrète de la caille ou de la bergeronnette. Elle ne semblait pas marcher, elle effleurait le pavé ; elle glissait rapidement à sa surface.

Cette démarche particulière aux grisettes,

à la fois agile, agaçante et légèrement effarouchée, doit être sans doute attribuée à trois causes :

A leur désir d'être trouvées jolies ;

A leur crainte d'une admiration traduite... par une pantomime trop expressive ;

A la préoccupation qu'elles ont toujours de perdre le moins de temps possible dans leurs pérégrinations.

Rodolphe n'avait encore vu Rigolette qu'au sombre jour de la mansarde des Morel ou sur un palier non moins obscur ; il fut donc ébloui de l'éclatante fraîcheur de la jeune fille lorsqu'il entra doucement dans une chambre éclairée par deux larges croisées. Il resta un moment immobile, frappé du gracieux tableau qu'il avait sous les yeux.

Debout devant une glace placée au-dessus de sa cheminée, Rigolette finissait de nouer sous son menton les brides de rubans d'un petit bonnet de tulle brodé, orné d'une légère garniture piquée de faveurs cerise ; ce bonnet très-étroit de passe, posé très en arrière, laissait bien à découvert deux larges et épais ban-

6.

deaux de cheveux lisses, brillants comme du jais, tombant très-bas sur le front; ses sourcils fins, déliés, semblaient tracés à l'encre et s'arrondissaient au-dessus de deux grands yeux noirs éveillés et malins; ses joues fermes et pleines se veloutaient du plus frais incarnat, frais à la vue, frais au toucher comme une pêche vermeille imprégnée de la froide rosée du matin.

Son petit nez relevé, espiègle, effronté, eût fait la fortune d'une Lisette ou d'une Marton; sa bouche un peu grande, aux lèvres bien roses, bien humides, aux petites dents blanches, serrées, perlées, était rieuse et moqueuse; de trois charmantes fossettes qui donnaient une grâce mutine à sa physionomie, deux se creusaient aux joues, l'autre au menton, non loin d'un grain de beauté, petite mouche d'ébène *meurtrièrement* posée au coin de la bouche.

Entre un col garni, largement rabattu, et le fond du petit bonnet, froncé par un ruban cerise, on voyait la naissance d'une forêt de beaux cheveux si parfaitement tordus et relevés, que leur racine se dessinait aussi nette, aussi noire que si elle eût été peinte sur l'ivoire de ce charmant cou.

Une robe de mérinos raisin de Corinthe, à dos plat et à manches justes, faite *avec amour* par Rigolette, révélait une taille tellement mince et svelte, que la jeune fille ne portait jamais de corset... par économie. Une souplesse, une désinvolture inaccoutumées dans les moindres mouvements des épaules et du corsage, qui rappelaient la moelleuse ondulation des allures de la chatte, trahissaient cette particularité.

Qu'on se figure une robe étroitement collée aux formes rondes et polies du marbre, et l'on conviendra que Rigolette pouvait parfaitement se passer de l'accessoire de toilette dont nous avons parlé. La ceinture d'un petit tablier de lévantine gros-vert entourait sa taille, qui eût tenu entre les dix doigts.

Confiante dans la solitude où elle croyait être, car Rodolphe restait toujours à la porte immobile et inaperçu, Rigolette, après avoir lustré ses bandeaux du plat de sa main mignonne, blanche et parfaitement soignée, mit son petit pied sur une chaise et se courba pour resserrer le lacet de sa bottine. Cette opération intime ne put s'accomplir sans exposer aux yeux indiscrets de Rodolphe un bas de coton blanc comme la neige, et la moitié d'une jambe d'un galbe pur et irréprochable.

D'après le récit détaillé que nous avons fait de sa toilette, on devine que la grisette avait choisi son plus joli bonnet et son plus joli tablier pour faire *honneur* à son voisin dans leur visite au Temple.

Elle trouvait le prétendu commis-marchand fort à son gré : sa figure à la fois bienveillante, fière, et hardie lui plaisait beaucoup; puis il se montrait si compatissant envers les Morel, en leur cédant généreusement sa chambre que, grâce à cette preuve de bonté, et peut-être aussi grâce à l'agrément de ses traits, Rodolphe avait sans s'en douter fait un pas de géant dans la confiance de la couturière.

Celle-ci, d'après ses idées pratiques sur l'intimité forcée et les obligations réciproques qu'impose le voisinage, s'estimait très-franchement heureuse de ce qu'un voisin tel que Rodolphe venait succéder au commis-voyageur, à Cabrion et à François Germain; car elle commençait à trouver que l'autre chambre restait bien long-temps vacante, et elle craignait surtout de ne pas la voir occupée d'une manière *convenable.*

Rodolphe profitait de son invisibilité pour jeter un coup d'œil curieux dans ce logis qu'il trouvait encore au-dessus des louanges que madame Pipelet avait accordées à l'excessive propreté du modeste ménage de Rigolette.

Rien de plus gai, de mieux ordonné que cette pauvre chambrette.

Un papier gris à bouquets vers, couvrait les murs; le carreau mis en couleur, d'un beau rouge, luisait comme un miroir. Un poêle de faïence blanche était placé dans la cheminée, où l'on avait symétriquement rangé une petite provision de bois coupé si court, si menu, que sans hyperbole on pouvait comparer chaque morceau à une énorme allumette.

Sur la cheminée de pierre figurant du marbre gris, on voyait pour ornements deux pots à fleurs ordinaires, peints d'un beau vert-émeraude, et dès le printemps toujours remplis de fleurs communes, mais odorantes ; un petit cartel de buis renfermant une montre d'argent tenait lieu de pendule; d'un côté brillait un bougeoir de cuivre étincelant comme de l'or, garni d'un bout de *bougie;* de l'autre côté brillait, non moins resplendissante, une de ces lampes formées d'un cylindre et d'un réflecteur de cuivre monté sur une tige d'acier et sur un pieu de plomb. Une assez grande glace carrée, encadrée d'une bordure de bois noir, surmontait la cheminée.

Des rideaux en toile perse, grise et verte, bordés d'un galon de laine, coupés, ouvrés, garnis par Rigolette, et aussi posés par elle sur leurs légères tringles de fer noircies, drapaient les croisées et le lit, recouvert d'une courte-pointe pareille; deux cabinets à vitrage, peints en blanc, placés de chaque côté de l'alcôve, renfermaient sans doute les ustensiles de ménage, le fourneau portatif, la fontaine, les balais, etc., etc., car aucun de ces objets ne déparait l'aspect coquet de cette chambre.

Une commode d'un beau bois de noyer bien veiné, bien lustré, quatre chaises du même bois, une grande table à repasser et à travailler, recouverte d'une de ces couvertures de laine verte que l'on voit dans quelques chaumières de paysans, un fauteuil de paille avec son tabouret pareil, siége habituel de la couturière, tel était ce modeste mobilier.

Enfin, dans l'embrasure d'une des croisées on voyait la cage de deux serins, fidèles commensaux de Rigolette.

Par une de ces idées industrieuses qui ne viennent qu'aux pauvres, cette cage était posée au milieu d'une grande caisse de bois d'un pied de profondeur, placée sur une table; cette caisse, que Rigolette appelait le jardin de ses oiseaux, était remplie de terre, recouverte de mousse pendant l'hiver; au printemps on y semait du gazon et de petites fleurs.

Rodolphe considérait ce réduit avec intérêt et curiosité; il comprenait parfaitement l'air de joyeuse humeur de cette jeune fille.

Il se figurait cette solitude égayée par le gazouillement des oiseaux et par le chant de Rigolette; l'été elle travaillait sans doute auprès de sa fenêtre ouverte, à demi voilée par un verdoyant rideau de pois de senteur roses, de capucines orange, de volubilis bleus et blancs; l'hiver elle veillait au coin de son petit poêle à la clarté douce de sa lampe.

Puis chaque dimanche elle se distrayait de cette vie laborieuse par une franche et bonne journée de plaisirs, partagés avec un voisin jeune, gai, insouciant, amoureux comme elle... (Rodolphe n'avait alors aucune raison de croire à la vertu de la grisette).

Le lundi elle reprenait ses travaux en songeant aux plaisirs passés et aux plaisirs à venir. Rodolphe sentit alors la poésie de ces refrains vulgaires sur *Lisette* et *sa chambrette*, sur ces folles amours qui nichent gaiement dans quelques mansardes ; car cette poésie qui embellit tout, qui d'un taudis de pauvres gens fait un joyeux nid d'amoureux, c'est la riante, fraîche et verte jeunesse... et personne mieux que Rigolette ne pouvait représenter cette adorable divinité.

. . . .

Rodolphe en était là de ses réflexions, lorsque, regardant machinalement la porte, il y aperçut un énorme verrou...

Un verrou qui n'eût pas déparé la porte d'une prison.

Ce verrou le fit réfléchir...

Il pouvait avoir deux significations, deux usages bien distincts :

Fermer la porte *aux* amoureux...

Fermer la porte *sur* les amoureux...

L'un de ces usages ruinait radicalement les assertions de madame Pipelet.

L'autre les confirmait.

Rodolphe en était là de ses interprétations, lorsque Rigolette, tournant la tête, l'aperçut, et, sans changer d'attitude, lui dit :

Tiens, voisin, vous étiez donc là ?

CHAPITRE IX.

VOISIN ET VOISINE.

Le brodequin lacé, la jolie jambe disparut sous les amples plis de la robe raisin de Corinthe, et Rigolette reprit :

— Ah! vous étiez là, monsieur le sournois ?..

— J'étais là... admirant en silence...

— Et qu'admiriez-vous... mon voisin ?

— Cette gentille petite chambre... car vous êtes logée comme une reine, ma voisine...

— Dame! voyez-vous... c'est mon luxe... je ne sors jamais... c'est bien le moins que je me plaise chez moi...

— Mais, je n'en reviens pas... quels jolis

rideaux !.. et cette commode... aussi belle que l'acajou !.. Vous avez dû dépenser furieusement d'argent ici ?

— Ne m'en parlez pas !.. J'avais à moi 425 fr. en sortant de prison ;... presque tout y a passé...

— En sortant de prison !.. vous ?

— Oui... c'est toute une histoire !.. Vous pensez bien, n'est-ce pas, que je n'étais pas en prison pour avoir fait mal ?

— Sans doute... mais comment ?

— Après le choléra, je me suis trouvée toute seule au monde... J'avais alors, je crois, dix ans...

— Mais, jusque-là, qui avait pris soin de vous ?

— Oh ! de bien braves gens !.. mais ils sont morts du choléra... (ici, les grands yeux noirs de Rigolette devinrent humides). On a vendu le peu qu'ils possédaient pour payer quelques petites dettes, et je suis restée sans personne qui voulût me recueillir ; ne sachant comment faire, je suis allée à un corps de garde qui était en face de notre maison, et j'ai dit au factionnaire : — Monsieur le soldat, mes parents sont morts, je ne sais où aller ; qu'est-ce qu'il faut que je fasse ? — Là-dessus l'officier est venu ; il m'a fait conduire chez le commissaire, qui m'a fait mettre en prison comme vagabonde, et j'en suis sortie à seize ans.

— Mais vos parents ?

— Je ne sais pas qui était mon père, j'avais six ans quand j'ai perdu ma mère, qui m'avait retirée des Enfants-Trouvés, où elle avait été forcée de me mettre d'abord. Les braves gens dont je vous ai parlé demeuraient dans notre maison ; ils n'avaient pas d'enfants : me voyant orpheline, ils m'ont prise avec eux.

— Et quel était leur état ? leur position ?

— Papa Crétu, je l'appelais comme ça, était peintre en bâtiment, et sa femme bordeuse...

— Étaient-ce au moins des ouvriers aisés ?

— Comme dans tous les ménages : quand je dis ménage, ils n'étaient pas mariés, mais ils s'appelaient mari et femme. Il y avait des hauts et des bas ; aujourd'hui dans l'abondance, si le travail donnait ; demain dans la gêne, s'il ne donnait pas ; mais ça n'empêchait pas

l'homme et la femme d'être contents de tout
et toujours gais. (A ce souvenir la physionomie de Rigolette redevint sereine). Il n'y avait
pas dans le quartier un ménage pareil ; toujours en train, toujours chantant ; avec ça
bons comme il n'est pas possible : ce qui était
à eux était aux autres. Maman Crétu était une
grosse réjouie de trente ans, propre comme un
sou, vive comme une anguille, joyeuse comme
un pinson. Son mari était un autre Roger-
Bontemps; il avait un grand nez, une grande
bouche, toujours un bonnet de papier sur la
tête, et une figure si drôle, mais si drôle, qu'on
ne pouvait le regarder sans rire ! Une fois revenu à la maison, après l'ouvrage, il ne faisait
que chanter, grimacer, gambader comme un
enfant ; il me faisait danser, sauter sur ses genoux ; il jouait avec moi comme s'il avait été
de mon âge; et sa femme me gâtait que c'était
une bénédiction ! Tous deux ne me demandaient qu'une chose, d'être de bonne humeur;
et ce n'était pas ça, Dieu merci ! qui me manquait. Aussi ils m'ont baptisée *Rigolette*, et le
nom m'en est resté. Quant à la gaieté, ils me
donnaient l'exemple ; jamais je ne les ai vus

tristes. S'ils se faisaient des reproches, c'était la femme qui disait à son mari : — Tiens, Crétu, c'est bête, tu me fais trop rire! — Ou bien c'était lui qui disait à sa femme : — Tiens, tais-toi, *Ramonette* (je ne sais pas pourquoi il l'appelait Ramonette), tais-toi, tu me fais mal, tu es trop drôle!... — Et moi je riais de les voir rire... Voilà comme j'ai été élevée, et comme ils m'ont formé le caractère... j'espère que j'ai profité!

— A merveille, ma voisine... Ainsi entre eux jamais de disputes?

— Jamais, au grand jamais!... Le dimanche, le lundi, quelquefois le mardi, ils faisaient, comme ils disaient la *noce*, et ils m'emmenaient toujours avec eux... Papa Crétu était très-bon ouvrier : quand il voulait travailler, il gagnait ce qui lui plaisait; sa femme aussi. Dès qu'ils avaient de quoi faire le dimanche et le lundi, et vivre au courant tant bien que mal, ils étaient contents. Après ça, fallait-il chômer, ils étaient contents tout de même... Je me rappelle que, quand nous n'avions que du pain et de l'eau, papa Crétu prenait dans sa bibliothèque...

— Il avait une bibliothèque?

— Il appelait ainsi un petit casier où il mettait tous les recueils de chansons nouvelles... Il les achetait et il les savait toutes. Quand il n'y avait donc que du pain à la maison, il prenait dans sa bibliothèque un vieux livre de cuisine, et il nous disait : Voyons, qu'est-ce que nous allons manger aujourd'hui? Ceci? cela?... et il nous lisait le titre d'une foule de bonnes choses ; chacun choisissait son plat ; papa Crétu prenait une casserole vide, et, avec des mines et des plaisanteries les plus drôles du monde, il avait l'air de mettre dans la casserole tout ce qu'il fallait pour composer un bon ragoût, et puis il faisait semblant de verser ça dans un plat vide aussi qu'il posait sur la table, toujours avec des grimaces à nous tenir les côtes ; il reprenait ensuite son livre, et pendant qu'il nous lisait, par exemple, le récit d'une bonne fricassée de poulet que nous avions choisie, et qui nous faisait venir l'eau à la bouche... nous mangions notre pain... avec sa lecture, en riant comme des fous.

— Et ce joyeux ménage avait des dettes?
— Jamais!... Tant qu'il y avait de l'argent, on noçait : quand il n'y en avait pas, on dînait

en *détrempe*, comme disait papa Crétu à cause de son état.

— Et l'avenir? il n'y songeait pas?

— Ah bien, oui! l'avenir, pour nous, c'était le dimanche et le lundi; l'été nous les passions aux barrières; l'hiver, dans le faubourg.

— Puisque ces bonnes gens se convenaient si bien, puisqu'ils faisaient si fréquemment la *noce*... pourquoi ne se mariaient-ils pas?

— Un de leurs amis leur a demandé ça une fois devant moi...

— Eh bien?..

— Ils ont répondu : « Si nous avons un jour des enfants, à la bonne heure !.. mais, pour nous deux, nous nous trouvons bien comme ça... A quoi bon nous forcer à faire ce que nous faisons de bon cœur?.. Ça serait des frais et nous n'avons pas d'argent de trop... » Mais, voyez un peu — reprit Rigolette — comme je bavarde... C'est qu'aussi, une fois que je suis sur le compte de ces braves gens, qui ont été si bons pour moi, je ne peux pas m'empêcher d'en parler longuement... Tenez, mon voisin, soyez assez gentil pour prendre mon châle sur mon lit et pour me l'attacher là, sous

7.

le col de ma chemisette, avec cette grosse épingle, et nous allons descendre, car il nous faut le temps de choisir au Temple ce que vous voulez acheter pour ces pauvres Morel.

Rodolphe s'empressa d'obéir aux ordres de Rigolette : il prit sur le lit un grand châle tartan de couleur brune, à larges raies ponceau, et le posa soigneusement sur les charmantes épaules de Rigolette.

— Maintenant, mon voisin, relevez un peu mon col, *pincez* bien la robe et le châle ensemble, enfoncez l'épingle et surtout prenez garde de me piquer.

Pour exécuter ces nouveaux commandements il fallut que Rodolphe touchât presque ce cou d'ivoire, où se dessinait, si noire et si nette, l'attache des beaux cheveux d'ébène de Rigolette.

Le jour était bas, Rodolphe s'approcha... très-près... trop près sans doute, car la grisette jeta un petit cri effarouché.

Nous ne saurions dire la cause de ce petit cri...

Était-ce la pointe de l'épingle? était-ce la bouche de Rodolphe qui avait effleuré ce cou blanc, frais et poli? Toujours est-il que Rigolette se retourna vivement et s'écria d'un air moitié riant, moitié triste, qui fit presque regretter à Rodolphe l'innocente liberté qu'il avait prise :

— Mon voisin, je ne vous prierai plus jamais d'attacher mon châle.

— Pardon, ma voisine... je suis si maladroit!..

— Au contraire, monsieur, et c'est ce dont je me plains... Voyons, votre bras... mais soyez sage... ou nous nous fâcherons!

— Vrai, ma voisine, ce n'est pas ma faute... Votre joli cou était si blanc, que j'ai eu comme un éblouissement... Malgré moi ma tête s'est baissée... et...

— Bien, bien! à l'avenir j'aurai soin de ne plus vous donner de ces éblouissements-là — dit Rigolette en le menaçant du doigt; puis elle ferma sa porte. — Tenez, mon voisin, prenez ma clef... elle est si grosse, qu'elle crèverait ma poche. C'est un vrai pistolet!

Et de rire.

Rodolphe se chargea (c'est le mot) d'une énorme clef qui aurait pu glorieusement figurer sur un de ces plats allégoriques que les vaincus viennent humblement offrir aux vainqueurs d'une ville.

Quoique Rodolphe se crût assez changé par les années pour ne pas être reconnu par Polidori, avant de passer devant la porte du charlatan, il releva le collet de son paletot.

— Mon voisin, n'oubliez pas de prévenir M. Pipelet qu'on va apporter des effets qu'il faudra monter dans votre chambre — dit Rigolette.

— Vous avez raison, ma voisine, nous allons entrer un moment dans la loge du portier.

M. Pipelet, son éternel chapeau tromblon sur la tête, était, comme toujours, vêtu de son habit vert et gravement assis devant une table couverte de morceaux de cuir et de débris de chaussures de toutes sortes; il s'occupait alors de ressemeler une botte, avec le sérieux et la conscience qu'il mettait à toutes choses. Anastasie était absente de la loge.

— Eh bien! monsieur Pipelet — lui dit Rigolette — j'espère que voilà du nouveau!... Grâce à mon voisin, les pauvres Morel sont hors de peine... Quand on pense qu'on allait conduire le pauvre ouvrier en prison!.. Oh! ces gardes du commerce sont de vrais sans-cœurs!

— Et des *sans-mœurs*... mademoiselle — ajouta M. Pipelet, d'un ton courroucé, en gesticulant avec une botte en réparation dans laquelle il avait introduit sa main et son bras gauche. — Non, je ne crains pas de le répéter à la face du ciel et des hommes, ce sont de grands *sans-mœurs;* ils ont profité des ténèbres de l'escalier pour oser porter leurs gestes indécents jusque sur la taille de mon épouse... En entendant les cris de sa pudeur offensée, malgré moi j'ai cédé à la vivacité de mon caractère... Je ne le cache pas, mon premier mouvement a été de rester immobile... et de devenir pourpre de honte, en songeant aux odieux attentats dont Anastasie venait d'être victime... comme me le prouvait l'égarement de sa raison, puisque dans son délire elle avait jeté son poêlon de faïence du haut en bas de l'escalier. A cet instant, ces affreux débauchés ont passé devant ma loge...

— Vous les avez poursuivis, j'espère, monsieur Pipelet! — dit Rigolette, qui avait assez de peine à conserver son sérieux.

— J'y songeais — répondit M. Pipelet avec un profond soupir—lorsque j'ai réfléchi qu'il me faudrait affronter leurs regards, peut-être même leurs propos licencieux : cela m'a révolté, m'a mis hors de moi. Je ne suis pas plus méchant qu'un autre; mais quand ces éhontés ont passé devant la loge, mon sang n'a fait qu'un tour, et je n'ai pu m'empêcher... de mettre brusquement ma main devant mes yeux pour me dérober la vue de ces luxurieux malfaiteurs!! Mais cela ne m'étonne pas, il devait m'arriver quelque chose de malheureux aujourd'hui... j'avais rêvé de ce monstre de Cabrion!

Rigolette sourit, et le bruit des soupirs de M. Pipelet se confondit avec les coups de marteau qu'il appliquait sur la semelle de sa vieille botte.

D'après les réflexions d'Alfred, il résultait qu'Anastasie s'était outrageusement vantée, imitant à sa manière le coquet manége de ces femmes qui, pour raviver les feux de leurs maris ou de leurs amants, se disent incessamment et dangereusement courtisées.

— Mon voisin — dit tout bas Rigolette à Rodolphe — laissez croire à ce pauvre M. Pipelet qu'on a agacé sa femme : intérieurement ça le flatte.

Ne voulant pas, en effet, détruire l'illusion dont se berçait M. Pipelet, Rodolphe lui dit :

— Vous avez sagement pris le parti des sages, mon cher M. Pipelet, celui du mépris... D'ailleurs la vertu de madame Pipelet est au-dessus de toute atteinte...

— Sa vertu, monsieur... sa vertu !... — et Alfred recommença de gesticuler avec sa botte au bras — j'en porterais ma tête sur l'échafaud ! La gloire du grand Napoléon... et la vertu d'Anastasie... j'en peux répondre comme de mon propre honneur, monsieur.

— Et vous raison, monsieur Pipelet... Mais oubliez ces misérables recors, veuillez, je vous prie, me rendre un service.

— L'homme est né pour s'entr'aider — répliqua M. Pipelet d'un ton sententieux et mélancolique ; à plus forte raison, lorsqu'il est question d'un aussi bon locataire que monsieur.

— Il s'agirait de faire monter chez moi différents objets qu'on apportera tout à l'heure... Ils sont destinés aux Morel.

— Soyez tranquille, monsieur, je surveillerai cela.

— Puis — reprit tristement Rodolphe — il faudrait demander un prêtre pour veiller la petite fille qu'ils ont perdue cette nuit, aller déclarer son décès, et en même temps commander un service et un convoi décents... Voici de l'argent... ne ménagez rien; le bienfaiteur de Morel, dont je ne suis que l'agent, veut que tout soit fait pour le mieux...

— Fiez-vous-en à moi, monsieur... Anastasie est allée acheter notre dîner; dès qu'elle rentrera, je lui ferai garder la loge, et je m'occuperai de vos commissions.

A ce moment un homme si complétement *embossé* dans son manteau, comme disent les Espagnols, qu'on apercevait à peine ses yeux, s'informa, sans trop s'approcher de la loge, et restant le plus possible dans l'ombre, si madame Burette, marchande d'objets d'occasion, était chez elle.

— Venez-vous de Saint-Denis? — lui demanda M. Pipelet d'un air d'intelligence.

— Oui, en une heure un quart.

— C'est bien cela... alors montez...

L'homme au manteau disparut rapidement dans l'escalier.

— Qu'est-ce que cela signifie? — dit Rodolphe à M. Pipelet.

— Il se manigance quelque chose chez la mère Burette... c'est des allées, des venues continuelles... Elle m'a dit ce matin : « Vous demanderez à toutes les personnes qui viendront pour moi : *Venez-vous de Saint-Denis?* celles qui répondront : *Oui, en une heure un quart,* vous les laisserez monter... mais pas d'autres... »

— C'est un véritable mot d'ordre! — dit Rodolphe, assez intrigué.

— Justement... monsieur; aussi me suis-je dit à part moi : Il se manigance quelque chose chez la mère Burette; sans compter que Tortillard, un mauvais garnement, un petit boiteux, qui est employé chez M. César Bradamanti, est rentré cette nuit à deux heures, avec une vieille femme borgne qu'on appelle la Chouette. Celle-ci est restée jusqu'à quatre heures du matin chez la mère Burette, pendant qu'un fiacre l'attendait à la porte... D'où venait cette femme borgne? que venait faire cette femme borgne à une heure aussi indue? Telles sont les deux questions que je me suis posées sans pouvoir y répondre — ajouta gravement M. Pipelet.

— Et cette femme que vous appelez la Chouette est repartie à quatre heures du matin en fiacre?... — demanda Rodolphe.

— Oui, monsieur, et elle va sans doute revenir; car la mère Burette m'a dit que la consigne ne regardait pas la Borgnesse.

Rodolphe pensa, non sans raison, que la Chouette machinait quelque nouveau méfait; mais, hélas! il était loin de songer à quel point cette nouvelle trame l'intéressait.

—C'est donc bien convenu, mon cher monsieur Pipelet; n'oubliez pas tout ce que je vous ai recommandé pour les Morel, et priez aussi votre femme de leur faire apporter un bon repas de chez le meilleur traiteur du voisinage.

— Soyez tranquille — dit M. Pipelet; — aussitôt que mon épouse sera de retour, j'irai à la mairie, à l'église et chez le traiteur... A l'église pour le mort... chez le traiteur pour les vivants... — ajouta philosophiquement et poétiquement M. Pipelet. — C'est comme fait, monsieur... c'est comme fait...

A la porte de l'allée, Rodolphe et Rigolette se trouvèrent face à face avec Anastasie, qui revenait du marché, rapportant un lourd panier de provisions.

— A la bonne heure! — s'écria la portière en regardant le voisin et la voisine d'un air narquois et significatif; — vous voilà déjà bras dessus bras dessous.... Ça va!... chaud!... chaud!.. Tiens... faut bien que jeunesse se passe!... à jolie fille beau garçon... vive l'amour!.. et alllllez donc!... — Et la vieille disparut dans les profondeurs de l'allée en criant: — Alfred! ne geins pas, vieux chéri, voilà ta Stasie qui t'apporte du nanan... gros friand!..

Rodolphe, offrant son bras à Rigolette, sortit avec elle de la maison de la rue du Temple.

CHAPITRE X.

LE BUDGET DE RIGOLETTE.

A la neige de la nuit avait succédé un vent très-froid; le pavé de la rue, ordinairement fangeux, était presque sec. Rigolette et Rodolphe se dirigèrent vers l'immense et singulier bazar que l'on nomme le *Temple*. La jeune fille s'appuyait sans façon au bras de son cavalier, aussi peu gênée avec lui que s'ils eussent été liés par une longue intimité.

— Est-elle drôle, cette madame Pipelet, avec ses remarques! — dit la grisette à Rodolphe.

— Ma foi, ma voisine, je trouve qu'elle a raison...

— En quoi, mon voisin?

— Elle a dit : *Il faut que jeunesse se passe... vive l'amour, et allez donc!*

— Eh bien!

— C'est justement ma manière de voir...

— Comment?

— Je voudrais passer ma jeunesse avec vous... pouvoir crier vive l'amour... et aller où vous voudriez me conduire.

— Je le crois bien... vous n'êtes pas difficile!

— Où serait le mal?.. nous sommes voisins.

— Si nous n'étions pas voisins, je ne sortirais pas avec vous comme ça...

— Vous me dites donc d'espérer?

— D'espérer quoi?

— Que vous m'aimerez?

— Je vous aime déjà.

— Vraiment?

— C'est tout simple, vous êtes bon, vous êtes gai; quoique pauvre vous-même, vous faites ce que vous pouvez pour ces pauvres Morel, en intéressant des gens riches à leur malheur; vous avez une figure qui me revient beaucoup, une jolie tournure, ce qui est toujours agréable et flatteur pour moi, qui vous donne le bras et qui vous le donnerai souvent. Voilà, je crois, assez de raisons pour que je vous aime.

Puis, s'interrompant pour rire aux éclats, Rigolette s'écria :

— Regardez donc, regardez donc cette grosse femme avec ses vieux souliers fourrés; on dirait qu'elle est traînée par deux chats sans queue.

Et de rire encore.

— Je préfère vous regarder, ma voisine; je suis si heureux de penser que vous m'aimez déjà.

— Je vous le dis, parce que ça est... Vous ne me plairiez pas, je vous le dirais tout de même... Je n'ai pas à me reprocher d'avoir jamais trompé personne, ni été coquette; quand on me plaît, je le dis tout de suite...

Puis s'interrompant encore pour s'arrêter devant une boutique, la grisette s'écria :

— Oh! voyez donc la jolie pendule et les deux beaux vases! J'avais pourtant déjà trois livres dix sous d'économies dans ma tirelire pour en acheter de pareils! En cinq ou six ans j'aurais pu y atteindre.

— Des économies, ma voisine, et vous gagnez?..

— Au moins trente sous par jour, quelquefois quarante; mais je ne compte jamais que sur trente, c'est plus prudent, et je règle mes dépenses là-dessus — dit Rigolette d'un air aussi important que s'il se fût agi de l'équilibre financier d'un budget formidable.

— Mais avec trente sous par jour... comment pouvez-vous vivre?

— Le compte n'est pas long... Voulez-vous que je vous le fasse, mon voisin? Vous m'avez l'air d'un dépensier, ça vous servira d'exemple...

— Voyons, ma voisine...

— Mes trente sous par jour me font quarante-cinq francs par mois, n'est-ce pas?

— Oui.

— Là-dessus j'ai douze francs de loyer et vingt-trois francs de nourriture.

— Vingt-trois francs de nourriture!..

— Mon Dieu, oui, tout autant! Avouez que pour une mauviette comme moi... c'est énorme!.. par exemple, je ne me refuse rien..

— Voyez-vous, la petite gourmande...

— Ah! mais aussi là-dedans je compte la nourriture de mes oiseaux...

— Il est certain que si vous vivez trois là-dessus, c'est moins exorbitant. Mais voyons le détail par jour... toujours pour mon instruction.

— Écoutez bien : une livre de pain, c'est quatre sous; deux sous de lait, ça fait six; quatre sous de légumes l'hiver, ou de fruits et de salade dans l'été; j'adore la salade, parce que c'est, comme les légumes, propre à arranger, ça ne salit pas les mains; voilà donc déjà dix sous; trois sous de beurre ou d'huile et de vinaigre pour assaisonnement, treize; une voie de belle eau claire, oh! ça c'est mon luxe, ça me fait mes quinze sous, s'il vous plaît... Ajoutez-y par semaine deux ou trois sous de chènevis et de mouron pour régaler mes oiseaux, qui mangent ordinairement un peu de mie de pain et de lait, c'est vingt-deux à vingt-trois francs par mois; ni plus ni moins.

— Et vous ne mangez jamais de viande?..

— Ah bien oui... de la viande!.. elle coûte

des dix et douze sous la livre; est-ce qu'on peut y songer? Et puis ça sent la cuisine, le pot-au-feu; au lieu que du lait, des légumes, des fruits, c'est tout de suite prêt... Tenez, un plat que j'adore, qui n'est pas embarrassant, et que je fais dans la perfection...

— Voyons, le plat...

— Je mets des belles pommes de terre jaunes dans le four de mon poêle; quand elles sont cuites, je les écrase avec un peu de beurre et de lait... une pincée de sel... c'est un manger des dieux... Si vous êtes gentil, je vous en ferai goûter...

— Arrangé par vos jolies mains, ça doit être excellent. Mais voyons, comptons, ma voisine... Nous avons déjà vingt-trois francs de nourriture, douze francs de loyer, c'est trente-cinq francs par mois...

— Pour aller à quarante-cinq ou cinquante francs que je gagne, il me reste dix ou quinze francs pour mon bois et mon huile pendant l'hiver, pour mon entretien et mon blanchissage... c'est-à-dire pour mon savon; car, excepté mes draps, je me blanchis moi-même... c'est encore mon luxe... une blanchisseuse de fin me coûterait les yeux de la tête... tandis que je repasse très-bien, et je me tire d'affaire... Pendant les cinq mois d'hiver, je brûle une voie et demie de bois... et je dépense pour quatre ou cinq sous d'huile par jour pour ma lampe... ça me fait environ quatre-vingts francs par an pour mon chauffage et mon éclairage.

— De sorte que c'est au plus s'il vous reste cent francs pour votre entretien?

— Oui, et c'est là-dessus que j'avais économisé mes trois francs dix sous.

— Mais vos robes, vos chaussures, ce joli bonnet?

— Mes bonnets, je n'en mets que quand je sors, et ça ne me ruine pas, car je les monte moi-même; chez moi, je me contente de mes cheveux... Quant à mes robes, à mes bottines... est-ce que le Temple n'est pas là?

— Ah! oui... ce bienheureux Temple... Eh bien! vous trouvez là...

— Des robes excellentes et très-jolies. Figurez-vous que les grandes dames ont l'habitude de donner leurs vieilles robes à leurs femmes de chambre... Quand je dis vieilles...

c'est-à-dire qu'elles les ont portées un mois ou deux en voiture... et les femmes de chambre vont les vendre au Temple... pour presque rien... Ainsi, tenez... j'ai là une robe de très-beau mérinos raisin de Corinthe que j'ai eue pour quinze francs; elle en avait peut-être coûté soixante, elle avait été à peine portée; je l'ai arrangée à ma taille... et j'espère qu'elle me fait honneur?

— C'est vous qui lui faites honneur, ma voisine... Mais, avec la ressource du Temple, je commence à comprendre que vous puissiez suffire à votre entretien avec cent francs par an.

— N'est-ce pas? On a là des robes d'été charmantes pour cinq ou six francs, des brodequins comme ceux que je porte, presque neufs, pour deux ou trois francs. Tenez, ne dirait-on pas qu'ils ont été faits pour moi?— dit Rigolette, qui s'arrêta et montra le bout de son joli pied, véritablement très-bien chaussé.

— Le pied est charmant, c'est vrai; mais vous devez difficilement lui trouver des chaussures... Après ça, vous me direz sans doute qu'on vend au Temple des souliers d'enfant...

— Vous êtes un flatteur, mon voisin; mais avouez qu'une petite fille toute seule, et bien rangée, peut vivre avec trente sous par jour! Il faut dire aussi que les quatre cent cinquante francs que j'ai emportés de la prison m'ont joliment aidée pour m'établir... Une fois qu'on m'a vue *dans mes meubles*, ça a inspiré de la confiance, et on m'a donné de l'ouvrage chez moi; mais il a fallu attendre long-temps avant d'en trouver; heureusement j'avais gardé de quoi vivre trois mois sans compter sur mon travail.

— Avec votre petit air étourdi, savez-vous que vous avez beaucoup d'ordre et de raison, ma voisine?

— Dame! quand on est toute seule au monde et qu'on ne veut avoir d'obligation à personne, faut bien s'arranger et faire son nid, comme on dit.

— Et votre nid est charmant.

— N'est-ce pas? car enfin je ne me refuse rien; j'ai même un loyer au-dessus de mon état; j'ai des oiseaux; l'été, toujours au moins deux pots de fleurs sur ma cheminée, sans compter les caisses de ma fenêtre et celle de ma cage; et pourtant, comme je vous disais, j'avais déjà trois francs dix sous dans ma tirelire, afin de pouvoir un jour *parvenir* à une garniture de cheminée.

— Et que sont devenues ces économies?

— Mon Dieu, dans les derniers temps, j'ai vu ces pauvres Morel si malheureux, si malheureux, que j'ai dit: Il n'y a pas de bon sens d'avoir trois bêtes de pièces de vingt sous à paresser dans une tirelire, quand d'honnêtes gens meurent de faim à côté de vous!.. alors j'ai prêté mes trois francs aux Morel. Quand je dis prêté... c'était pour ne pas les humilier, car je leur aurais donné de bon cœur.

—Vous entendez bien, ma voisine, que, puisque les voilà à leur aise ils vous les rembourseront.

— C'est vrai, ça ne sera pas de refus... ça sera toujours un commencement pour acheter une garniture de cheminée... C'est mon rêve!

—Et puis, enfin, il faut toujours songer un peu à l'avenir.

— A l'avenir?

— Si vous tombiez malade, par exemple...

—Moi... malade?

Et Rigolette de rire aux éclats.

De rire si fort, qu'un gros homme qui marchait devant elle, portant un chien sous son bras, se retourna tout interloqué, croyant qu'il s'agissait de lui.

Rigolette, sans discontinuer de rire, lui fit une demi-révérence accompagnée d'une petite mine si espiègle, que Rodolphe ne put s'empêcher de partager l'hilarité de sa compagne.

Le gros homme continua son chemin en grommelant.

—Êtes-vous folle!... allez, ma voisine!— dit Rodolphe en reprenant son sérieux.

—C'est votre faute aussi...

—Ma faute?

—Oui, vous me dites des bêtises...

—Parceque je vous dis que vous pourriez tomber malade?

—Malade, moi?

Et de rire encore.

—Pourquoi pas?

—Est-ce que j'ai l'air de ça?

—Jamais je n'ai vu figure plus rose et plus fraîche.

—Eh bien! alors... pourquoi voulez-vous que je tombe malade?

—Comment?

—A dix-huit ans, avec la vie que je mène... est-ce que c'est possible!... Je me lève à cinq heures, hiver comme été; je me couche à dix ou onze; je mange à ma faim, qui n'est pas grande, c'est vrai; je ne souffre pas du froid, je travaille toute la journée, je chante comme une alouette, je dors comme une marmotte, j'ai le cœur libre, joyeux, content; je suis sûre de ne jamais manquer d'ouvrage, à propos de quoi voulez-vous que je sois malade?... ça serait par trop drôle aussi...

Et de rire encore.

Rodolphe, frappé de cette aveugle et bienheureuse confiance dans l'avenir, se reprocha d'avoir risqué de l'ébranler... Il songeait avec une sorte d'effroi qu'une maladie d'un mois pouvait ruiner cette riante et paisible existence.

Cette foi profonde de Rigolette dans son courage et dans ses dix-huit ans... ses seuls biens... semblait à Rodolphe respectable et sainte...

De la part de la jeune fille... ce n'était plus de l'insouciance, de l'imprévoyance ; c'était une créance instinctive à la commisération et à la justice divine, qui ne pouvaient abandonner une créature laborieuse et bonne, une pauvre fille dont le seul tort était de compter sur la jeunesse et sur la santé qu'elle tenait de Dieu...

Au printemps, quand d'une aile agile les oiseaux du ciel, joyeux et chantant, effleurent les luzernes roses, ou fendent l'air tiède et azuré... s'inquiètent-ils du sombre hiver ?

— Ainsi — dit Rodolphe à la grisette — vous n'ambitionnez rien ?

— Rien...

— Absolument rien ?...

— Non... c'est-à-dire, entendons-nous, ma garniture de cheminée... et je l'aurai... je ne sais pas quand... mais j'ai mis dans ma tête de l'avoir... et ça sera... je prendrai plutôt sur mes nuits...

— Et sauf cette garniture ?...

— Je n'ambitionne rien... seulement depuis aujourd'hui...

— Pourquoi cela ?...

— Parce qu'avant-hier encore j'ambitionnais un voisin qui me plût... afin de faire avec lui, comme j'ai toujours fait... bon ménage... afin de lui rendre de petits services pour qu'il m'en rende à son tour...

— C'est déjà convenu, ma voisine... vous soignerez mon linge, et je cirerai votre chambre... sans compter que vous m'éveillerez de bonne heure... en frappant à ma cloison...

— Et vous croyez que ce sera tout?

— Qu'y a-t-il encore?

— Ah bien! vous n'êtes pas au bout. Est-ce qu'il ne faudra pas que le dimanche vous me meniez promener aux barrières ou sur les boulevards?... Je n'ai que ce jour-là de récréation...

— C'est ça, l'été nous irons à la campagne.

— Non, je déteste la campagne; je n'aime que Paris... Pourtant, dans le temps, par complaisance, j'ai fait quelques parties à Saint-Germain avec une de mes camarades de prison, qu'on appelait la Goualeuse, parce qu'elle chantait toujours; une bien bonne petite fille!

— Et qu'est-elle devenue?

— Je ne sais pas; elle dépensait son argent

de prison sans avoir l'air de s'amuser beaucoup; elle était toujours triste, mais douce et charitable... Quand nous sortions ensemble, je n'avais pas encore d'ouvrage; quand j'en ai eu, je n'ai plus bougé de chez moi; je lui ai donné mon adresse, elle n'est pas venue me voir; sans doute elle est occupée de son côté... C'était pour vous dire, mon voisin, que j'aimais Paris plus que tout. Aussi, quand vous le pourrez, le dimanche, vous me mènerez dîner chez le traiteur, quelquefois au spectacle... sinon, si vous n'avez pas d'argent, vous me mènerez voir les boutiques dans les beaux passages, ça m'amuse presque autant. Mais, soyez tranquille... dans nos petites parties fines je vous ferai honneur... Vous verrez comme je serai gentille avec ma jolie robe de levantine gros-bleu, que je ne mets que le dimanche! elle me va comme un amour; j'ai avec ça un petit bonnet garni de dentelles, avec des nœuds orange, qui ne font pas trop mal sur mes cheveux noirs, des bottines de satin turc que j'ai fait faire pour moi... un charmant châle de bourre de soie façon cachemire. Allez, allez, mon voisin, on se retournera plus d'une fois pour nous voir passer. Les hommes diront : « Mais c'est qu'elle est gentille, cette petite, parole d'honneur! » Et les femmes diront de leur côté : « Mais c'est qu'il a une très-jolie tournure, ce grand jeune homme mince... son air est très-distingué... et ses petites moustaches brunes lui vont très-bien... » Et je serai de l'avis de ces dames, car j'adore les moustaches... Malheureusement M. Germain n'en portait pas à cause de son bureau. M. Cabrion en avait, mais elles étaient rouges comme sa grande barbe, et je n'aime pas les grandes barbes; et puis il faisait par trop le gamin dans les rues et tourmentait trop ce pauvre M. Pipelet. Par exemple, M. Giraudeau (mon voisin d'avant M. Cabrion) avait une très-bonne tenue, mais il était louche... Dans les commencements ça me gênait beaucoup, parce qu'il avait toujours l'air de regarder quelqu'un à côté de moi, et, sans y penser, je me retournais pour voir qui...

Et de rire.

Rodolphe écoutait ce babil avec curiosité; il se demandait pour la troisième ou quatrième fois ce qu'il devait penser de la *vertu* de Rigolette.

Tantôt la liberté même des paroles de la grisette et le souvenir du gros verrou lui faisaient presque croire qu'elle aimait ses voisins en *frères*, en camarades, et que madame Pipelet l'avait calomniée ; tantôt il souriait de ses velléités de crédulité, en songeant qu'il était peu probable qu'une fille aussi jeune, aussi abandonnée, eût échappé aux séductions de MM. Giraudeau, Cabrion et Germain. Pourtant la franchise, l'originale familiarité de Rigolette, éveillaient en lui de nouveaux doutes.

— Vous me charmez, ma voisine, en disposant ainsi de mes dimanches — reprit gaiement Rodolphe ; — soyez tranquille, nous ferons de fameuses parties...

— Un instant, monsieur le dépensier, c'est moi qui tiendrai la bourse, je vous en préviens. L'été, nous pourrons dîner très-bien... mais très-bien !... pour trois francs, à la Chartreuse ou à l'Ermitage Montmartre, une demi-douzaine de contredanses ou de valses par là-dessus, et quelques courses sur les chevaux de bois... j'adore monter à cheval... ça vous fera vos cent sous, pas un liard de plus... Valsez-vous?

— Très-bien.

— A la bonne heure! M. Cabrion me marchait toujours sur les pieds, et puis par farce il jetait des pois fulminants par terre, ça fait qu'on n'a plus voulu de nous à la Chartreuse.

Et de rire.

— Soyez tranquille, je vous réponds de ma réserve à l'égard des pois fulminants; mais, l'hiver, que ferons-nous?

— L'hiver, comme on a moins faim, nous dînerons parfaitement pour quarante sous, et il nous restera trois francs pour le spectacle, car je ne veux pas que vous dépassiez vos cent sous : c'est déjà bien assez cher; mais tout seul vous dépenseriez au moins ça à l'estaminet, au billard, avec des mauvais sujets qui sentent la pipe comme des horreurs. Est-ce qu'il ne vaut pas mieux passer gaiement la journée avec une petite amie bien bonne enfant, bien rieuse, qui trouvera encore le temps de vous économiser quelques dépenses en vous ourlant vos cravates, en soignant votre ménage?

— Mais c'est un gain tout clair, ma voisine. Seulement, si mes amis me rencontrent avec ma gentille petite amie sous le bras?

— Eh bien! ils diront : Il n'est pas malheureux, ce diable de Rodolphe!

— Vous savez mon nom?

— Quand j'ai appris que la chambre voisine était louée, j'ai demandé à qui.

— Et mes amis diront : Il est très-heureux, ce Rodolphe!... Et ils m'envieront.

— Tant mieux!

— Ils me croiront heureux.

— Tant mieux!... tant mieux!...

— Et si je ne le suis pas autant que je le paraîtrai?

— Qu'est-ce que ça vous fait? pourvu qu'on le croie... aux hommes il ne leur en faut pas davantage.

— Mais votre réputation?

Rigolette partit d'un grand éclat de rire.

— La réputation d'une grisette! est-ce qu'on croit à ces *météores*-là? — reprit-elle. — Si j'avais père ou mère, frère ou sœur, je tiendrais pour eux au qu'en dira-t-on... Je suis toute seule, ça me regarde...

— Mais, moi, je serai très-malheureux.

— De quoi?

— De passer pour être heureux, tandis qu'au contraire je vous aimerai... à peu près comme vous dîniez chez le papa Crétu... en mangeant votre pain sec à la lecture d'un livre de cuisine.

— Bah! bah! vous vous y ferez : je serai pour vous si douce, si reconnaissante, si peu gênante, que vous vous direz : Après tout, autant faire mon dimanche avec elle qu'avec un camarade... Si vous êtes libre le soir dans la semaine, et que ça ne vous ennuie pas, vous viendrez passer la soirée avec moi, vous profiterez de mon feu et de ma lampe; vous louerez des romans, vous me ferez la lecture... Autant ça que d'aller perdre votre argent au billard; sinon, si vous êtes occupé tard chez votre patron, ou que vous aimiez mieux aller au café, vous me direz bonsoir en rentrant, si je veille encore. Si je suis couchée, le lendemain matin je vous dirai bonjour à travers votre cloison pour vous éveiller... Tenez, M. Germain, mon dernier voisin, passait toutes ses soirées comme ça avec moi; il ne s'en plaignait pas!... Il m'a lu tout Walter Scott... C'est ça qui était amusant! Quelquefois, le dimanche, quand il faisait mauvais, au lieu d'aller au spectacle et de sortir, il allait acheter quelque chose, nous faisions une vraie dînette dans ma chambre, et puis après nous lisions... Ça m'amusait presque autant que le théâtre. C'est pour vous dire que je ne suis pas difficile à vivre, et que je fais tout ce qu'on veut. Et puis, vous qui parliez d'être malade, si jamais vous l'étiez... c'est moi qui suis une vraie petite sœur grise!.. demandez aux Morel... Tenez, vous ne savez pas votre bonheur, monsieur Rodolphe... c'est un vrai quine à la loterie de m'avoir pour voisine.

— C'est vrai, j'ai toujours eu du bonheur; mais, à propos de M. Germain, où est-il donc maintenant?

— A Paris, je pense.

— Vous ne le voyez plus?

— Depuis qu'il a quitté la maison il n'est plus revenu chez moi.

— Mais où demeure-t-il? que fait-il?

— Pourquoi ces questions-là, mon voisin?

— Parce que je suis jaloux de lui — dit

Rodolphe en souriant — et que je voudrais...

— Jaloux!!! — et Rigolette de rire. — Il n'y a pas de quoi, allez... Pauvre garçon!...

— Sérieusement, ma voisine, j'aurais le plus grand intérêt à savoir où rencontrer M. Germain; vous connaissez sa demeure, et, sans me vanter, vous devez me croire incapable d'abuser du secret que je vous demande... je vous le jure dans son intérêt...

— Sérieusement, mon voisin, je crois que vous pouvez vouloir beaucoup de bien à M. Germain, mais il m'a fait promettre de ne dire son adresse à personne... et puisque je ne vous la dis pas, à vous, c'est que ça m'est impossible... cela ne doit pas vous fâcher contre moi... Si vous m'aviez confié un secret, vous seriez content, n'est-ce pas, de me voir agir comme je fais?

— Mais...

— Tenez, mon voisin, une fois pour toutes, ne me parlez plus de cela... J'ai fait une promesse, je la tiendrai, et, quoi que vous me puissiez dire, je vous répondrai toujours la même chose...

Malgré son étourderie, sa légèreté, la jeune fille accentua ces derniers mots si fermement, que Rodolphe comprit, à son grand regret, qu'il n'obtiendrait peut-être pas d'elle ce qu'il désirait savoir. Il lui répugnait d'employer la ruse pour surprendre la confiance de Rigolette; il attendit et reprit gaiement :

— N'en parlons plus, ma voisine. Diable! vous gardez si bien les secrets des autres, que je ne m'étonne plus que vous gardiez les vôtres.

— Des secrets, moi! Je voudrais bien en avoir, ça doit être très-amusant.

— Comment! vous n'avez pas un petit secret de cœur?

— Un secret de cœur?

— Enfin... vous n'avez jamais aimé? — dit Rodolphe en regardant bien fixement Rigolette pour tâcher de deviner la vérité.

— Comment! jamais aimé?... et M. Giraudeau? et M. Cabrion? et M. Germain? et vous donc?...

— Vous ne les avez pas aimés plus que moi?... autrement que moi?

— Ma foi! non; moins peut-être, car il a fallu m'habituer aux yeux louches de M. Giraudeau, à la barbe rousse et aux farces de M. Cabrion, et à la tristesse de M. Germain, car il était bien triste, ce pauvre jeune homme. Vous, au contraire, vous m'avez plu tout de suite...

— Voyons, ma voisine, ne vous fâchez pas; je vais vous parler... en vrai camarade...

— Allez... allez... j'ai le caractère bien fait... Et puis vous êtes si bon, que vous n'auriez pas le cœur, j'en suis sûre, de me dire quelque chose qui me fasse de la peine...

— Sans doute... Mais voyons, franchement, vous n'avez jamais eu... d'amant?

— Des amants!.. ah! bien oui! est-ce que j'ai le temps?

— Qu'est-ce que le temps fait à cela?

— Ce que ça fait! mais tout... D'abord je serais jalouse comme un tigre; je me ferais sans cesse des peines de cœur; eh bien! est-ce que je gagne assez d'argent pour pouvoir perdre deux ou trois heures par jour à pleurer, à me désoler? Et si on me trompait... que de larmes, que de chagrins!.. ah bien! par exemple... c'est pour le coup que ça m'arriérerait joliment!

— Mais tous les amants ne sont pas infidèles, ne font pas pleurer leur maîtresse.

— Ça serait encore pis... s'il était par trop gentil. Est-ce que je pourrais vivre un moment sans lui?.. et comme il faudrait probablement qu'il soit toute la journée à son bureau, à son atelier ou à sa boutique, je serais comme une pauvre âme en peine pendant son absence; je me forgerais mille chimères... je me figurerais que d'autres l'aiment... qu'il est auprès d'elles... Et s'il m'abandonnait?.. jugez donc!.. est-ce que je sais enfin... tout ce qui pourrait m'arriver! Tant il y a que certainement mon travail s'en ressentirait... et alors, qu'est-ce que je deviendrais? C'est tout juste si, tranquille comme je suis, je puis me tenir au courant en travaillant douze à quinze heures par jour... Voyez donc si je perdais trois ou quatre journées par semaine à me tourmenter... comment rattraper ce temps-là ?.. impossible !.. Il faudrait donc me mettre aux ordres de quelqu'un?.. oh! ça, non!.. j'aime trop ma liberté...

— Votre liberté?

— Oui, je pourrais entrer comme première ouvrière chez la maîtresse couturière pour qui je travaille... j'aurais quatre cents francs, logée, nourrie.

— Et vous n'acceptez pas?

— Non sans doute... je serais à gages chez les autres, au lieu que, si pauvre que soit mon chez moi, au moins je suis chez moi; je ne dois rien à personne... j'ai du courage, du cœur, de la santé, de la gaieté... un bon voisin comme vous : qu'est-ce qu'il me faut de plus?

— Et vous n'avez jamais songé à vous marier?

— Me marier!.. je ne peux me marier qu'à un pauvre comme moi. Voyez les malheureux Morel... Voilà où ça mène... tandis que quand on n'a à répondre que pour soi... on s'en retire toujours...

— Ainsi vous ne faites jamais de châteaux en Espagne, de rêves?

— Si... je rêve ma garniture de cheminée... excepté ça... qu'est-ce que vous voulez que je désire?

— Mais si un parent vous avait laissé une petite fortune?.. douze cents francs de rentes, je suppose... à vous qui vivez avec cinq cents francs?

— Dame! ça serait peut-être un bien, peut-être un mal.

— Un mal?

— Je suis heureuse comme je suis : je connais la vie que je mène, je ne sais pas celle que je mènerais si j'étais riche. Tenez, mon voisin, quand après une bonne journée de travail je me couche le soir, que ma lumière est éteinte, et qu'à la lueur du petit peu de braise qui reste dans mon poêle je vois ma chambre bien proprette, mes rideaux, ma commode, mes chaises, mes oiseaux, ma montre, ma table chargée d'étoffes qu'on m'a confiées, et que je me dis : Enfin tout ça est à moi, je ne le dois qu'à moi... vrai, mon voisin... ces idées-là me bercent bien câlinement, allez!.. et quelquefois je m'endors orgueilleuse et toujours contente. Eh bien!.. je devrais mon chez moi à l'argent d'un vieux parent... que ça ne me ferait pas autant de plaisir, j'en suis sûre... Mais tenez, nous voici au Temple, avouez que c'est un superbe coup d'œil!

CHAPITRE XI.

LE TEMPLE.

Quoique Rodolphe ne partageât pas la profonde admiration de Rigolette à la vue du Temple, il fut néanmoins frappé de l'aspect singulier de cet énorme bazar, qui a ses quartiers et ses passages.

Vers le milieu de la rue du Temple, non loin d'une fontaine qui se trouve à l'angle d'une grande place, on aperçoit un immense parallélogramme, construit en charpentes et surmonté d'un comble recouvert d'ardoises.

C'est le Temple.

Borné à gauche par la rue Du Petit-Thouars, à droite par la rue Percée, il aboutit à un vaste bâtiment circulaire, colossale rotonde, entourée d'une galerie à arcades.

Une longue voie, coupant le parallélogramme dans son milieu et dans sa longueur, le partage en deux parties égales ; celles-ci sont à leur tour divisées, subdivisées à l'infini par une multitude de petites ruelles latérales et transversales qui se croisent en tous sens, et sont abritées de la pluie par le toit de l'édifice.

Dans ce bazar toute marchandise neuve est généralement prohibée ; mais la plus infime rognure d'étoffe quelconque, mais le plus mince débris de fer, de cuivre, de fonte ou d'acier y trouve son vendeur et son acheteur.

Il y a là des négociants en bribes de drap de toutes couleurs, de toutes nuances, de toutes qualités, de tout *âge*, destinées à assortir les pièces que l'on met aux habits troués ou déchirés.

Il est des magasins où l'on découvre des montagnes de savates éculées, percées, tordues, fendues, choses sans nom, sans forme, sans couleur, parmi lesquelles apparaissent çà et là quelques semelles *fossiles*, épaisses d'un pouce, constellées de clous comme des portes de prison, dures comme le sabot d'un cheval, véritables squelettes de chaussures, dont toutes les adhérences ont été dévorées par le temps; tout cela est moisi, racorni, troué, corrodé, et tout cela s'achète : il y des *négociants* qui vivent de ce commerce.

Il existe des détaillants de ganses, franges, crêtes, cordons, effilés de soie, de coton ou de fil, provenant de la *démolition* de rideaux complétement hors de service.

D'autres industriels s'adonnent au commerce des chapeaux de femmes : ces chapeaux n'arrivent jamais à leur boutique que dans les sacs des revendeuses, après les pérégrinations les plus étranges, les transformations les plus violentes, les décolorations les plus incroyables. Afin que les marchandises ne tiennent pas trop de place dans un magasin ordinairement grand comme une énorme boîte, on plie bien proprement ces chapeaux en deux, après quoi on les aplatit et on les empile excessivement serrés; sauf la saumure, c'est absolument le même procédé que pour la conservation des harengs; aussi ne peut-on se figurer combien, grâce à ce mode d'arrimage, il tient de ces choses dans un espace de quatre pieds carrés.

L'acheteur se présente-t-il, on soustrait ces chiffons à la haute pression qu'ils subissent; la marchande donne d'un air dégagé un petit coup de poing dans le fond de la forme pour la relever, défripe la passe sur son genou, et vous avez sous les yeux un objet bizarre, fantastique, qui rappelle confusément à votre souvenir ces coiffures fabuleuses, particulièrement dévolues aux ouvreuses de loges, aux tantes de figurantes ou aux duègnes des théâtres de province.

Plus loin, à l'enseigne du *Goût du jour*, sous les arcades de la rotonde élevée au bout de la large voie qui sépare le Temple en deux parties, sont appendus comme des *ex-voto* des myriades de vêtements de couleurs, de formes et de tournure encore plus exorbitantes, encore plus énormes que celles des vieux chapeaux de femmes.

Ainsi on trouve des fracs gris de lin crânement rehaussés de trois rangées de boutons de cuivre à la hussarde, et chaudement ornés d'un petit collet fourré en poil de renard...

Des redingotes primitivement *vert-bouteille*, que le temps a rendues *vert-pistache*, bordées d'un cordonnet noir et rajeunies par une doublure écossaise bleue et jaune du plus rian effet....

Des habits dits autrefois *à queue de morue*, couleur d'amadou, à riche collet de panne, ornés de boutons jadis argentés, mais alors d'un rouge cuivreux.

On y remarque encore des polonaises marron, à collet de peau de chat, cotelées de brandebourgs et d'agréments de coton noir éraillés; non loin d'*icelles*, des robes de chambre artistement faites avec de vieux carriks dont on a ôté les triples collets, et qu'on a intérieurement garnies de morceaux de cotonnade imprimée; les mieux *portées* sont bleu ou vert sordide, ornées de pièces nuancées, brodées de fil passé, et doublées d'étoffe rouge à rosaces orange, parements et collet pareils; une cordelière, faite d'un vieux cordon de sonnette en laine tordue, sert de ceinture à ces élégants déshabillés, dans lesquels Robert Macaire se fût prélassé avec un orgueilleux bonheur.

Nous ne parlerons que pour mémoire d'une foule de costumes de *Frontin* plus ou moins équivoques, plus ou moins barbares, au milieu desquels on retrouve pourtant çà et là quelques authentiques livrées royales ou princières que les révolutions de toutes sortes ont traînées du palais aux sombres arceaux de la Rotonde du Temple.

Ces exhibitions de vieilles chaussures, de vieux chapeaux et de vieux habits ridicules, sont le côté grotesque de ce bazar; c'est le quartier des guenilles prétentieusement parées et déguisées; mais on doit avouer ou plutôt on doit proclamer que ce vaste établissement est d'une haute utilité pour les classes pauvres ou peu aisées. Là elles achètent, à un rabais excessif, d'excellentes choses presque neuves, dont la dépréciation est pour ainsi dire imaginaire.

Un des côtés du Temple, destiné aux objets de couchage, était rempli de monceaux de couvertures, de draps, de matelas, d'oreillers. Plus loin c'étaient des tapis, des rideaux, des ustensiles de ménage de toutes sortes; ailleurs, des vêtements, des chaussures, des coiffures pour toutes les conditions, pour tous les âges. Ces objets, généralement d'une extrême propreté, n'offraient à la vue rien de répugnant.

On ne saurait croire, avant d'avoir visité ce bazar, combien il faut peu de temps et peu d'argent pour remplir une charrette de tout ce qui est nécessaire au complet établissement de deux ou trois familles qui manquent de tout.

Rodolphe fut frappé de la manière à la fois empressée, prévenante et joyeuse, avec laquelle les marchands, debout en dehors de leurs boutiques, sollicitaient la pratique des passants; ces façons, empreintes d'une sorte de familiarité respectueuse, semblaient appartenir à un autre âge.

Rodolphe donnait le bras à Rigolette. A peine parut-il dans le grand passage où se tenaient les marchands d'objets de literie, qu'il fut poursuivi des offres les plus séduisantes.

— Monsieur, entrez donc voir mes matelas, c'est comme neuf; je vais vous en découdre un coin, vous verrez la fourniture; on dirait de la laine d'agneau, tant c'est doux et blanc!

— Ma jolie petite dame, j'ai des draps de belle toile, meilleurs que neufs, car leur première rudesse est passée; c'est souple comme un gant, fort comme une trame d'acier.

— Mes gentils mariés, achetez-moi donc de ces couvertures; voyez, c'est moelleux, chaud et léger; on dirait de l'édredon, c'est remis à neuf, ça n'a pas servi vingt fois; voyons, ma petite dame, décidez votre mari... donnez-moi votre pratique, je vous monterai votre ménage pas cher... vous serez contents, vous reviendrez voir la mère Bouvard, vous trouverez de tout chez moi... Hier, j'ai eu une occasion superbe... vous allez voir ça... allons, entrez donc !... la vue n'en coûte rien.

— Ma foi, ma voisine — dit Rodolphe à Rigolette — cette bonne grosse femme aura la préférence... Elle nous prend pour de jeunes mariés, ça me flatte... je me décide pour sa boutique.

— Va pour la bonne grosse femme! — dit Rigolette — sa figure me revient aussi...

La grisette et son compagnon entrèrent chez la mère Bouvard.

Par une magnanimité peut-être sans exemple ailleurs qu'au Temple, les rivales de la mère Bouvard ne se révoltèrent pas de la préférence qu'on lui accordait; une de ses voisines poussa même la générosité jusqu'à dire :

— Autant que ça soit la mère Bouvard qu'une autre qui ait cette aubaine; elle a de la famille, et c'est la doyenne et l'honneur du Temple.

Il était d'ailleurs impossible d'avoir une figure plus avenante, plus ouverte et plus réjouie que la doyenne du Temple.

— Tenez, ma jolie petite dame — dit-elle à Rigolette, qui examinait plusieurs objets d'un œil très-connaisseur — voilà l'occasion dont je vous parlais : deux garnitures de lit complètes, c'est comme tout neuf. Si par hasard vous voulez un vieux petit secrétaire pas cher, en voilà un (la mère Bouvard l'indiqua du geste), je l'ai eu du même lot. Quoique je n'achète pas ordinairement de meubles, je n'ai pu refuser de le prendre; les personnes de qui je tiens tout ça avaient l'air si malheureuses ! Pauvre dame!.. c'était surtout la vente de cette antiquaille qui semblait lui saigner le cœur... Il paraît que c'était un meuble de famille...

A ces mots, et pendant que la marchande débattait avec Rigolette les prix de différentes fournitures, Rodolphe considéra plus attentivement le meuble que la mère Bouvard lui avait montré.

C'était un de ces anciens secrétaires en bois de rose, d'une forme presque triangulaire, fermé par un panneau antérieur qui, rabattu et soutenu par deux longues charnières de cuivre, sert de table à écrire. Au milieu de ce panneau, orné de marqueterie de bois de couleurs variées, Rodolphe remarqua un chiffre incrusté en ébène, composé d'un M et d'un R entrelacés, et surmonté d'une couronne de comte. Il supposa que le dernier possesseur de ce meuble appartenait à une classe élevée de la société. Sa curiosité redoubla, il regarda le secrétaire avec une nouvelle attention : il visitait machinalement les tiroirs les uns après les autres, lorsque, éprouvant quelque difficulté à ouvrir le dernier, et cherchant la cause de cet obstacle, il découvrit et attira à lui avec précaution une feuille de papier à moitié engagée entre le casier et le fond du meuble.

Pendant que Rigolette terminait ses achats avec la mère Bouvard, Rodolphe examinait curieusement sa découverte.

Aux nombreuses ratures qui couvraient ce papier, on reconnaissait le brouillon d'une lettre inachevée.

Rodolphe lut ce qui suit avec assez de peine :

« Monsieur,

» Soyez persuadé que le malheur le plus effroyable peut seul me contraindre à la démarche que je tente auprès de vous. Ce n'est pas une fierté mal placée qui cause mes scrupules, c'est le manque absolu de titres au service que j'ose vous demander. La vue de ma fille, réduite comme moi au plus affreux dénûment, me fait surmonter mon embarras. Quelques mots seulement sur la cause des désastres qui m'accablent.

» Après la mort de mon mari, il me restait pour fortune trois cent mille francs placés par mon frère chez M. Jacques Ferrand, notaire. Je recevais à Angers, où j'étais retirée avec ma fille, les intérêts de cette somme par l'entremise de mon frère. Vous savez, monsieur, l'épouvantable événement qui a mis fin à ses jours; ruiné, à ce qu'il paraît, par de secrètes et malheureuses spéculations, il s'est tué il y a huit mois. Lors de ce funeste événement, je reçus de lui quelques lignes désespérées. Lorsque je les lirais, me disait-il, il n'existerait plus. Il terminait cette lettre en me prévenant qu'il ne possédait aucun titre relativement à la somme placée en mon nom chez M. Jacques Ferrand; ce dernier ne donnant jamais de reçu, car il était l'honneur, la piété même, il me suffirait de me présenter chez lui pour que cette affaire fût convenablement réglée.

» Dès qu'il me fut possible de songer à autre chose qu'à la mort affreuse de mon frère, je vins à Paris, où je ne connaissais personne que vous, monsieur, et encore indirectement par les relations que vous aviez eues avec mon mari. Je vous l'ai dit, la somme déposée chez M. Jacques Ferrand formait toute ma fortune; et mon frère m'envoyait tous les six mois l'intérêt échu de cet argent : plus d'une année était révolue depuis le dernier paiement, je me présentai donc chez M. Jacques Ferrand pour lui demander un revenu dont j'avais le plus grand besoin.

» A peine m'étais-je nommée, que, sans respect pour ma douleur, il accusa mon frère de lui avoir emprunté deux mille francs que sa mort lui faisait perdre, ajoutant que non-seulement son suicide était un crime devant Dieu et devant les hommes, mais encore que c'était un acte de spoliation dont lui, M. Jacques Ferrand, se trouvait victime.

» Cet odieux langage m'indigna ; l'éclatante probité de mon frère était bien connue ; il avait, il est vrai, à l'insu de moi et de ses amis, perdu sa fortune dans des spéculations hasardées ; mais il était mort avec une réputation intacte, regretté de tous, et ne laissant aucune dette, sauf celle du notaire.

» Je répondis à M. Ferrand que je l'autorisais à prendre à l'instant, sur les 300,000 fr. dont il était dépositaire, les 2,000 fr. que lui devait mon frère... A ces mots, il me regarda d'un air stupéfait, et me demanda de quels 300,000 fr. je voulais parler.

» — De ceux que mon frère a placés chez

vous depuis dix-huit mois, monsieur, et dont jusqu'à présent vous m'avez fait parvenir les intérêts par son entremise — lui dis-je, ne comprenant pas sa question.

» Le notaire haussa les épaules, sourit de pitié comme si mes paroles n'eussent pas été sérieuses, et me répondit que, loin de placer de l'argent chez lui, mon frère lui avait emprunté deux mille francs.

» Il m'est impossible de vous exprimer mon épouvante à cette réponse.

» — Mais alors qu'est devenue cette somme? — m'écriai-je. — Ma fille et moi, nous n'avons pas d'autre ressource; si elle nous est enlevée, il ne nous reste rien que la misère la plus profonde. Que deviendrons-nous?

» — Je n'en sais rien — répondit froidement le notaire. — Il est probable que votre frère, au lieu de placer cette somme chez moi, comme il vous l'a dit, l'aura mangée dans les spéculations malheureuses auxquelles il s'adonnait à l'insu de tout le monde.

» — C'est faux, c'est infâme, monsieur! — m'écriai-je. — Mon frère était la loyauté même. Loin de me dépouiller, moi et ma fille, il se fût sacrifié pour nous. Il n'avait jamais voulu se marier, pour laisser ce qu'il possédait à mon enfant...

» — Oseriez-vous donc prétendre, madame, que je suis capable de nier un dépôt qui m'aurait été confié? — me demanda le notaire avec une indignation qui me parut si honorable et si sincère, que je lui répondis :

» — Non sans doute, monsieur; votre réputation de probité est connue; mais je ne puis pourtant accuser mon frère d'un aussi cruel abus de confiance.

» — Sur quels titres vous fondez-vous pour me faire cette réclamation? — me demanda M. Ferrand.

» — Sur aucun, monsieur. Il y a dix-huit mois, mon frère, qui voulait bien se charger de mes affaires, m'a écrit : « J'ai un excellent » placement à six pour cent; envoie-moi ta » procuration pour vendre tes rentes; je dé- » poserai 300,000 fr., que je compléterai, chez » M. Jacques Ferrand, notaire. » J'ai envoyé ma procuration à mon frère; peu de jours après, il m'a annoncé que le placement était fait chez vous, que vous ne donniez jamais de reçu, et au bout de six mois il m'a envoyé les intérêts échus.

» — Et au moins avez-vous quelques lettres de lui à ce sujet, madame?

» — Non, monsieur. Elles traitaient seulement d'affaires, je ne les conservai pas.

» —Je ne puis malheureusement rien à cela, madame — me répondit le notaire. — Si ma probité n'était pas au-dessus de tout soupçon, de toute atteinte, je vous dirais : Les tribunaux vous sont ouverts; attaquez-moi : les juges auront à choisir entre la parole d'un homme honorable, qui depuis trente ans jouit de l'estime des gens de bien, et la déclaration posthume d'un homme qui, après s'être sourdement ruiné dans les entreprises les plus folles, n'a trouvé de refuge que dans le suicide... Je vous dirais enfin : Attaquez-moi, madame, si vous l'osez, et la mémoire de votre frère sera déshonorée. Mais je crois que vous aurez le bon sens de vous résigner à un malheur fort grand sans doute, mais auquel je suis étranger.

» — Mais enfin, monsieur, je suis mère! si ma fortune m'est enlevée, moi et ma fille nous n'avons d'autre ressource qu'un modeste mobilier... Cela vendu, c'est la misère, monsieur... l'affreuse misère!

» — Vous avez été dupe, c'est un malheur; je n'y puis rien — me répondit le notaire. — Encore une fois, madame, votre frère vous a trompée. Si vous hésitez entre sa parole et la mienne, attaquez-moi : les tribunaux prononceront.

» Je sortis de chez le notaire la mort dans le cœur. Que me restait-il à faire dans cette extrémité? Sans titre pour prouver la validité de ma créance, convaincue de la sévère probité de mon frère, confondue par l'assurance de M. Ferrand, n'ayant personne à qui m'adresser pour demander conseil (vous étiez alors en voyage), sachant qu'il faut de l'argent pour avoir les avis des gens de loi, et voulant précieusement conserver le peu qui me restait, je n'osai entreprendre un tel procès. Ce fut alors... »

Ce brouillon de lettre s'arrêtait là; car d'indéchiffrables ratures couvraient quelques lignes qui suivaient encore; enfin, au bas et dans un coin de la page, Rodolphe lut cette espèce de *memento* :

« *Écrire à madame la duchesse de Lucenay*. »

Rodolphe resta pensif après la lecture de ce fragment de lettre.

Quoique la nouvelle infamie dont on semblait accuser Jacques Ferrand ne fût pas prouvée, cet homme s'était montré si impitoyable envers le malheureux Morel, si infâme envers Louise, sa fille, qu'un déni de dépôt, protégé par une impunité certaine, pouvait à peine étonner de la part d'un pareil misérable.

Cette mère, qui réclamait cette fortune si étrangement disparue, était sans doute habituée à l'aisance. Ruinées par un coup subit, ne connaissant personne à Paris, disait le projet de lettre, quelle devait être l'existence de ces deux femmes dénuées de tout peut-être, seules au milieu de cette ville immense !

Rodolphe avait, on le sait, promis *quelques intrigues* à madame d'Harville, en lui assignant, même au hasard, et pour occuper son esprit, un rôle à jouer dans une bonne œuvre à venir, certain d'ailleurs de trouver, avant son prochain rendez-vous avec la marquise, quelque malheur à soulager.

Il pensa que peut-être le hasard le mettait sur la voie d'une noble infortune qui pourrait, selon son projet, intéresser le cœur et l'imagination de madame d'Harville.

Le projet de lettre qu'il tenait entre ses mains et dont la copie n'avait pas sans doute été envoyée à la personne dont on implorait l'assistance, annonçait un caractère fier et résigné que l'offre d'une aumône révolterait sans doute. Alors que de précautions, que de détours, que de ruses délicates pour cacher la source d'un généreux secours ou pour le faire accepter!...

Et puis que d'adresse pour s'introduire chez cette femme afin de juger si elle méritait véritablement l'intérêt qu'elle semblait devoir inspirer! Rodolphe entrevoyait là une foule d'émotions neuves, curieuses, touchantes, qui devaient singulièrement *amuser* madame d'Harville, ainsi qu'il le lui avait promis.

— Eh bien! mon *mari* — dit gaiement Rigolette à Rodolphe — qu'est-ce que c'est donc que ce chiffon de papier que vous lisez là?

—Ma petite *femme*—répondit Rodolphe —vous êtes très-curieuse !... je vous dirai cela tantôt... Avez-vous terminé vos achats ?

—Certainement, et vos protégés seront établis comme des rois. Il ne s'agit plus que de payer; madame Bouvard est bien arrangeante, faut être juste...

—Ma petite *femme*, une idée !... Pendant que je vais payer, si vous alliez choisir des vêtements pour madame Morel et pour ses enfants ? Je vous avoue mon ignorance au sujet de ces emplettes. Vous diriez d'apporter cela ici : on ne ferait qu'un voyage, et nos pauvres gens auraient ainsi tout à la fois.

—Vous avez toujours raison, mon *mari*. Attendez-moi; ça ne sera pas long... Je connais deux marchandes dont je suis la pratique habituelle; je trouverai chez elles tout ce qu'il me faudra.

Et Rigolette sortit.

Mais elle se retourna pour dire:

—Madame Bouvard, je vous confie mon *mari*; n'allez pas lui faire les yeux doux, au moins !

Et de rire et de disparaître prestement.

CHAPITRE XII.

DÉCOUVERTE.

— Faut avouer, monsieur — dit la mère Bouvard à Rodolphe, après le départ de Rigolette — faut avouer que vous avez là une fameuse petite ménagère. Peste!.. elle s'entend joliment à acheter; et puis est-elle gentille! rose et blanche, avec de grands beaux yeux noirs et les cheveux pareils... c'est rare!..

— N'est-ce pas qu'elle est charmante, et que je suis un heureux mari, madame Bouvard?

— Aussi heureux mari qu'elle est heureuse femme... j'en suis bien sûre.

— Vous ne vous trompez guère : mais, dites-moi, combien vous dois-je?

— Votre petite ménagère n'a pas voulu démordre de trois cent trente francs pour le tout. Comme il n'y a qu'un Dieu, je ne gagne que quinze francs, car je n'ai pas payé ces objets aussi bon marché que j'aurais pu... je n'ai pas eu le cœur de les marchander... les gens qui vendaient avaient l'air par trop malheureux !

— Vraiment ? ne sont-ce pas les mêmes personnes à qui vous avez aussi acheté ce petit secrétaire ?

— Oui, monsieur... tenez, ça fend le cœur, rien que d'y songer ! Figurez-vous qu'avant-hier il arrive ici une dame jeune et belle encore, mais si pâle, si maigre, qu'elle faisait peine à voir... et puis nous connaissons ça, nous autres. Quoiqu'elle fût, comme on dit, tirée à quatre épingles, son vieux châle de laine noir râpé, sa robe d'alépine aussi noire et toute éraillée, son chapeau de paille au mois de janvier (cette dame était en deuil), annonçaient ce que nous appelons une *misère bourgeoise,* car je suis sûre que c'est une dame très comme il faut; enfin elle me demande en rougissant si je veux acheter la fourniture de deux lits complets et un vieux petit secrétaire; je lui réponds que, puisque je vends, faut bien que j'achète; que si ça me convient, c'est une affaire faite, mais que je voudrais voir les objets. Elle me prie alors de venir chez elle, pas loin d'ici, de l'autre côté du boulevard, dans une maison sur le quai du canal Saint-Martin. Je laisse ma boutique à ma nièce, je suis la dame, nous arrivons dans une maison à petites gens, comme on dit; tout au fond de la cour; nous montons au quatrième, la dame frappe, une jeune fille de quatorze ans vient ouvrir : elle était aussi en deuil, et aussi bien pâle et bien maigre; mais malgré ça, belle comme le jour... si belle que j'en restai en extase.

— Et cette belle jeune fille?

— Était la fille de la dame en deuil... Malgré le froid, une pauvre robe de cotonnade noire à pois blancs, et un petit châle de deuil tout usé. Voilà ce qu'elle avait sur elle.

— Et leur logis était misérable?

— Figurez-vous, monsieur, deux pièces bien propres, mais nues, mais glaciales que ça en donnait la petite-mort; d'abord une cheminée où on ne voyait pas une miette de cendre; il n'y avait pas eu de feu là depuis bien long-temps. Pour tout mobilier, deux lits, deux chaises, une commode, une vieille malle et le petit secrétaire; sur la malle un paquet dans un foulard... Ce petit paquet, c'était tout ce qui restait à la mère et à la fille, une fois leur mobilier vendu. Le propriétaire s'arrangeait des deux bois de lit, des chaises, de la malle, de la table, pour ce qu'on lui devait, nous dit le portier, qui était monté avec nous. Alors cette dame me pria bien honnêtement d'estimer les matelas, les draps, les rideaux, les couvertures. Foi d'honnête femme, monsieur, quoique mon état soit d'acheter bon marché et de vendre cher, quand j'ai vu cette pauvre demoiselle les yeux tout pleins de larmes, et sa mère qui, malgré son sang-froid, avait l'air de pleurer en dedans, j'ai estimé à quinze francs près ce que ça valait, et ça bien au juste, je vous le jure. J'ai même consenti, pour les obliger, à prendre ce petit secrétaire, quoique ce ne soit pas ma partie...

— Je vous l'achète, madame Bouvard...

— Ma foi! tant mieux, monsieur, il me serait resté bien long-temps sur les bras... Je ne m'en étais chargée que pour lui rendre service, à cette pauvre dame. Je lui dis donc le prix que j'offrais de ces effets... Je m'attendais qu'elle allait marchander, demander plus... ah bien oui! C'est encore à ça que j'ai vu que ce n'était pas une dame du commun; *misère bourgeoise*, allez, monsieur, bien sûr! Je lui dis donc : — C'est tant. — Elle me répond : — C'est bien. Retournons chez vous, vous me paierez, car je ne dois plus revenir dans cette maison. — Alors elle dit à sa fille qui pleurait assise sur la malle : — Claire, prends le paquet... (Je me suis bien souvenu du nom; elle l'a appelée Claire.) — La jeune demoiselle se lève; mais, en passant à côté du petit secrétaire, voilà qu'elle se jette à genoux devant et qu'elle se met à sangloter. — Mon enfant, du courage! on nous regarde — lui dit sa mère à demi-voix, ce qui ne m'a pas empêchée de l'entendre. Vous concevez, monsieur, c'est des gens pauvres, mais fiers malgré ça. Quand la dame m'a donné la clef du petit secrétaire, j'ai vu aussi une larme dans ses yeux rougis; le cœur avait l'air de lui saigner en se séparant de ce vieux meuble, mais elle tâchait de garder son sang-froid et sa dignité devant des étrangers. Enfin elle a averti le portier que je viendrais enlever tout ce que le propriétaire ne gardait pas, et nous sommes revenues ici. La jeune demoiselle donnait le bras à sa mère et portait à sa main le petit paquet renfermant tout ce qu'elles possédaient. Je leur ai compté leur argent, trois cent quinze francs, et je ne les ai plus revues.

— Mais leur nom?

—Je ne le sais pas; la dame m'avait vendu ses effets en présence du portier; je n'avais pas besoin de m'informer de son nom... ce qu'elle vendait était bien à elle.

— Mais leur nouvelle adresse?

— Je n'en sais rien non plus.

— Sans doute on la connaît dans son ancien logement?

— Non, monsieur. Quand j'y ai retourné pour chercher mes effets, le portier m'a dit, en me parlant de la mère et de la fille : — C'étaient des personnes bien tranquilles, bien respectables et bien malheureuses; pourvu qu'il ne leur arrive pas malheur! Elles ont l'air comme ça calmes; mais, au fond, je suis sûr qu'elles sont désespérées. — Et où vont-elles aller loger à cette heure? — que je lui demande. — Ma foi! je n'en sais rien — qu'il me répond; — elles sont parties sans me le dire... bien sûr qu'elles ne reviendront plus.

Les espérances que Rodolphe avait un moment conçues s'évanouirent. Comment découvrir ces deux malheureuses femmes, ayant pour tout indice le nom de la jeune fille *Claire*, et ce fragment de brouillon de lettre dont nous avons parlé, au bas duquel se trouvaient ces mots :

— Écrire à *madame de Lucenay*.

La seule et bien faible chance de retrouver les traces de ces infortunées reposait donc sur madame de Lucenay, qui se trouvait heureusement de la société de madame d'Harville.

— Tenez, madame, payez-vous — dit Rodolphe à la marchande, en lui présentant un billet de cinq cents francs.

— Je vas vous rendre, monsieur...

— Où trouverons-nous une charrette pour transporter ces effets?

— Si ça n'est pas trop loin, une grande charrette à bras suffira... il y a celle du père Jérôme, ici près : c'est mon commissionnaire habituel... Quelle est votre adresse, monsieur?

— Rue du Temple, n° 17.

— Rue du Temple, n° 17?.. oh! bien, bien, je ne connais que ça!

— Vous êtes allée dans cette maison?

— Plusieurs fois... d'abord, j'ai acheté des hardes à une prêteuse sur gages qui demeure là... c'est vrai qu'elle ne fait pas un beau métier... mais ça ne me regarde pas... elle vend, j'achète, nous sommes quittes... Une autre fois, il n'y a pas six semaines, j'y suis retournée pour le mobilier d'un jeune homme qui demeurait au quatrième, et qui déménageait...

— M. François Germain, peut-être! — s'écria Rodolphe.

— Juste, vous le connaissez?

— Beaucoup; malheureusement il n'a pas laissé rue du Temple sa nouvelle adresse, et je ne sais plus où le trouver.

— Si ce n'est que ça je peux vous tirer d'embarras.

— Vous savez où il demeure?

— Pas précisément, mais je sais où vous pourrez bien sûr le rencontrer.

— Et où cela?

— Chez le notaire où il travaille.

— Un notaire?

— Oui, qui demeure rue du Sentier.

— M. Jacques Ferrand! — s'écria Rodolphe.

— Lui-même, un bien saint homme; il y a un crucifix et du bois bénit dans son étude; ça sent la sacristie comme si on y était.

—Mais comment avez-vous su que M. Germain travaillait chez ce notaire?

— Voilà... Ce jeune homme est venu me proposer d'acheter en bloc son petit mobilier. Cette fois-là encore, quoique ce ne soit pas ma partie, j'ai fait affaire du tout et j'ai ensuite détaillé ici; puisque ça l'arrangeait, ce jeune homme, je ne voulais pas le désobliger. Je lui achète donc son mobilier de garçon... bon...; je le lui paye... bon... Il avait sans doute été content de moi, car au bout de quinze jours il revient pour m'acheter une garniture de lit. Une petite charrette et un commissionnaire l'accompagnaient : on emballe le tout; bon...; mais voilà qu'au moment de payer il s'aperçoit qu'il a oublié sa bourse. Il avait l'air d'un si honnête jeune homme, que je lui dis : Emportez tout de même les effets, je passerai chez vous pour le payement. — Très-bien, me dit-il, mais je ne suis jamais chez moi : venez demain, rue du Sentier, chez M. Jacques Ferrand, notaire, où je suis employé, je vous payerai. — J'y suis allée le lendemain, il m'a payée; seulement ce que je trouve de drôle, c'est qu'il ait vendu son mobilier pour en acheter un autre quinze jours après.

Rodolphe crut deviner et devina la raison de cette singularité : Germain voulait faire perdre ses traces aux misérables qui le poursuivaient. Craignant sans doute que son déménagement ne les mît sur la voie de sa nouvelle demeure, il avait préféré, pour éviter ce danger, vendre ses meubles et en racheter ensuite.

Rodolphe tressaillit de joie en songeant au bonheur de madame Georges, qui allait enfin revoir ce fils si long-temps, si vainement cherché.

Rigolette rentra bientôt, l'œil joyeux, la bouche souriante.

— Eh bien, quand je vous le disais ! —

s'écria-t-elle — je ne me suis point trompée... nous aurons dépensé en tout six cent quarante francs, et les Morel seront établis comme des princes... Tenez, tenez... voyez les marchands qui arrivent... sont-ils chargés ! Rien ne manquera au ménage de la famille, il y a tout ce qu'il faut, jusqu'à un gril, deux belles casseroles étamées à neuf, et une cafetière..... Je me suis dit : Puisqu'on veut faire les choses en grand, faisons les choses en grand !.. et avec tout ça, c'est au plus si j'aurai perdu trois heures... mais payez vite, mon voisin et allons-nous-en... Voilà bientôt midi ; il va falloir que mon aiguille aille un fameux train pour rattraper cette matinée-là !

Rodolphe paya et quitta le Temple avec Rigolette.

. . . .

CHAPITRE XIII.

APPARITION.

Au moment où la grisette et son compagnon entraient dans l'allée de leur maison, ils furent presque renversés par madame Pipelet, qui courait, troublée, éperdue, effarée...

— Ah, mon Dieu! — dit Rigolette — qu'est-ce que vous avez donc, madame Pipelet? où courez-vous comme cela?

— C'est vous! mademoiselle Rigolette... — s'écria Anastasie — c'est le bon Dieu qui vous envoie... aidez-moi à sauver la vie d'Alfred...

— Que dites-vous?

— Ce pauvre vieux chéri est évanoui, ayez pitié de nous!... courez-moi chercher pour deux sous d'absinthe chez le rogomiste... de la plus forte... c'est son remède quand il est indisposé... du pylore... ça le remettra peut-être ; soyez charitable, ne me refusez pas, je pourrai retourner auprès d'Alfred. Je suis toute ahurie.

Rigolette abandonna le bras de Rodolphe et courut chez le rogomiste.

— Mais qu'est-il arrivé, madame Pipelet ? demanda Rodolphe en suivant la portière qui retournait à la loge.

—Est-ce que je sais, mon digne monsieur ! J'étais sortie pour aller à la mairie, à l'église et chez le traiteur, pour éviter ces trottes-là à Alfred. Je rentre... qu'est-ce que je vois ?.. ce vieux chéri les quatre fers en l'air !! Tenez, monsieur Rodolphe — dit Anastasie en ouvrant la porte de sa tanière — voyez si ça ne fend pas le cœur !

Lamentable spectacle !.. Toujours coiffé de son chapeau tromblon, plus coiffé même que d'habitude, car le *castor* douteux, enfoncé violemment sans doute (à en juger par une cassure transversale), cachait les yeux de

M. Pipelet, assis par terre et adossé au pied de son lit.

L'évanouissement avait cessé; Alfred commençait à faire quelques légers mouvements des mains, comme s'il eût voulu repousser quelqu'un ou quelque chose; puis il essaya de se débarrasser de sa visière improvisée.

— Il gigotte!.. c'est bon signe!.. il revient!.. — s'écria la portière. Et, se baissant, elle lui cria aux oreilles : — Qu'est-ce que tu as, mon Alfred?.. c'est ta Stasie qui est là... Comment vas-tu?.. on va t'apporter de l'absinthe, ça te remettra...— Puis prenant une voix de fausset des plus caressantes, elle ajouta : — On l'a donc écharpé, assassiné! ce pauvre vieux chéri à sa maman, hein?

Alfred poussa un profond soupir et laissa échapper comme un gémissement ce mot fatidique :

— CABRION!!!

Et ses mains frémissantes semblèrent vouloir de nouveau repousser une vision effrayante.

— Cabrion! encore ce gueux de peintre! — s'écria madame Pipelet. — Alfred en a tant rêvé toute la nuit, qu'il m'a abîmée de coups de pied. Ce monstre-là est son cauchemar! Non-seulement il a empoisonné ses jours, mais l empoisonne ses nuits; il le poursuit jusque dans son sommeil; oui, monsieur, comme si Alfred serait un malfaiteur, et que ce Cabrion, que Dieu confonde! serait son remords acharné.

Rodolphe sourit discrètement, prévoyant quelque nouveau tour de l'ancien voisin de Rigolette.

— Alfred... réponds-moi, ne fais pas le muet, tu me fais peur — dit madame Pipelet; — voyons, remets-toi... aussi pourquoi vas-tu penser à ce gredin-là!... tu sais bien que quand tu y songes, ça te fait le même effet que les choux... ça te porte au pilore et ça t'étouffe.

— Cabrion! — répéta M. Pipelet en relevant avec effort son chapeau démesurément enfoncé sur ses yeux, qu'il roula autour de lui d'un air égaré.

Rigolette entra portant une petite bouteille d'absinthe.

— Merci, mam'zelle, êtes-vous complaisante ! — dit la vieille, puis elle ajouta : — Tiens, vieux chéri, *siffle*-moi ça, ça va te remettre.

Et Anastasie, approchant vivement la fiole des lèvres de M. Pipelet, entreprit de lui faire avaler l'absinthe.

Alfred eut beau se débattre courageusement, sa femme, profitant de la faiblesse de sa victime, lui maintint la tête d'une main ferme, et de l'autre lui introduisit le goulot de la petite bouteille entre les dents, et le força de boire l'absinthe; après quoi elle s'écria triomphalement :

— Et allllez donc! te voilà sur tes pattes, vieux chéri !

En effet, Alfred, après s'être essuyé la bouche du revers de la main, ouvrit les yeux, se leva debout et demanda d'un ton encore effarouché :

— L'avez-vous vu?
— Qui?
— Est-il parti?
— Mais qui, Alfred?
— Cabrion !

— Il a osé !... — s'écria la portière.

M. Pipelet, aussi muet que la statue du Commandeur, baissa, comme le spectre, deux fois la tête d'un air affirmatif.

— M. Cabrion est venu ici ? — demanda Rigolette en retenant une violente envie de rire.

— Ce monstre-là, est-il déchaîné après Alfred ! — s'écria madame Pipelet. — Oh ! si j'avais été là avec mon balai... Il l'aurait mangé jusqu'au manche. Mais parle donc, Alfred... raconte-nous donc ton malheur !

M. Pipelet fit signe de la main qu'il allait parler.

On écouta l'homme au chapeau tromblon dans un religieux silence.

Il s'exprima en ces termes, d'une voix profondément émue :

— Mon épouse venait de me quitter pour m'éviter la peine d'aller, selon le commandement de monsieur (il s'inclina devant Rodolphe), à la mairie, à l'église et chez le traiteur...

— Ce vieux chéri avait eu le cauchemar

APPARITION.

toute la nuit... J'ai préféré lui éviter ça — dit Anastasie.

— Ce cauchemar m'était envoyé comme un avertissement d'en haut — reprit religieusement le portier. — J'avais rêvé Cabrion... je devais souffrir de Cabrion ; la journée avait commencé par un attentat sur la taille de mon épouse...

— Alfred... Alfred... tais-toi donc! ça me gêne devant le monde...— dit madame Pipelet en minaudant, roucoulant et baissant les yeux d'un air pudique.

— Je croyais avoir payé ma dette de malheur à cette journée de malheur après le départ de ces luxurieux malfaiteurs — reprit M. Pipelet — lorsque... oh! mon Dieu! mon Dieu!

— Voyons, Alfred, du courage!...

— J'en aurai — répondit héroïquement M. Pipelet ; — il m'en faut... j'en aurai... J'étais donc là... assis tranquillement devant ma table, réfléchissant à un changement que je voulais opérer dans l'empeigne de cette botte... confiée à mon industrie... lorsque j'entends un bruit... un frôlement au carreau de ma loge... Fût-ce un pressentiment?... un avis d'en haut?... mon cœur se serra, je levai la tête... et à travers la vitre... je vis... je vis...

—Cabrion!!! s'écria Anastasie en joignant les mains.

—Cabrion!—répondit sourdement M. Pipelet.—Sa figure hideuse était là, collée à la fenêtre, me regardant avec des yeux de chat... qu'est-ce que je dis?... de tigre!... juste comme dans mon rêve... Je voulus parler: ma langue était collée à mon palais; je voulus me lever: j'étais collé à mon siége... ma botte me tomba des mains, et, comme dans tous les événements critiques et importants de ma vie... je restai complétement immobile... Alors la clef tourna dans la serrure, la porte s'ouvrit, Cabrion entra!

—Il entra!... Quel front!...—reprit madame Pipelet, aussi atterrée que son mari de cette audace.

—Il entra lentement...—reprit Alfred—s'arrêta un moment à la porte comme pour me fasciner de son regard... atroce... puis il s'avança vers moi, s'arrêtant à chaque pas, me transperçant de l'œil, sans dire un mot, droit, muet, menaçant comme un fantôme!...

C'est-à-dire que j'en ai le dos qui m'en hérisse—dit Anastasie.

—Je restais de plus en plus immobile et assis sur ma chaise... Cabrion s'avançait toujours lentement... me tenant sous son regard comme le serpent l'oiseau... car il me faisait horreur... et malgré moi je le fixais... Il arrive tout près de moi... je ne puis davantage supporter son aspect révoltant... c'était trop fort... je n'y tiens plus... je ferme les yeux... alors je le sens qui ose porter ses mains sur mon chapeau, il le prend par le haut... l'ôte lentement de dessus ma tête... et me met le chef à nu... Je commençais à être saisi d'un vertige... ma respiration était suspendue... les oreilles me bourdonnaient... j'étais de plus en plus collé à mon siége... je fermais les yeux de plus en plus fort... Alors Cabrion se baisse... me prend ma tête chauve, que j'ai le droit de dire, ou plutôt que j'avais le droit de dire vénérable avant son attentat... il me prend donc la tête entre ses mains froides comme des mains de mort... et sur mon front glacé de sueur il dépose....... un baiser effronté !!! l'impudique !

Anastasie leva les bras au ciel.

— Mon ennemi le plus acharné, venir me baiser au front!... me forcer à subir ses dégoûtantes caresses, après m'avoir odieusement persécuté pour posséder de mes cheveux!... Une pareille monstruosité me donna beaucoup à penser et me paralysa... Cabrion profita de ma stupeur pour me remettre mon chapeau sur la tête, puis, d'un coup de poing, il me l'enfonça jusque sur les yeux, comme vous l'avez vu. Ce dernier outrage me bouleversa, la mesure fut comblée, tout tourna autour de moi, et je m'évanouis au moment où je le voyais, par-dessous les bords de mon chapeau, sortir de la loge aussi tranquillement, aussi lentement qu'il y était entré.

Puis, comme si ce récit eût épuisé ses forces, M. Pipelet retomba sur sa chaise en levant les mains au ciel en manière de muette imprécation.

Rigolette sortit brusquement, son courage était à bout, son envie de rire l'étouffait ; elle ne put se contraindre plus long-temps. Rodolphe avait lui-même difficilement gardé son sérieux.

Tout à coup cette rumeur confuse, qui annonce l'arrivée d'un rassemblement populaire, retentit dans la rue; on entendit un grand tumulte en dehors de la porte de l'allée, et bientôt des crosses de fusil résonnèrent sur la dalle de la porte.

CHAPITRE XIV.

L'ARRESTATION.

— Mon Dieu! monsieur Rodolphe — s'écria Rigolette en accourant pâle et tremblante — il y a là un commissaire de police et la garde!...

— La justice divine veille sur moi! — dit M. Pipelet dans un élan de religieuse reconnaissance; — on vient arrêter Cabrion... malheureusement il est trop tard!

Un commissaire de police, reconnaissable à l'écharpe que l'on apercevait sous son habit noir, entra dans la loge. Sa physionomie était grave, digne et sévère.

— Monsieur le commissaire, il est trop tard... le malfaiteur s'est évadé! — dit tristement M. Pipelet; — mais je puis vous donner son signalement... Sourire atroce... regards effrontés... manières...

— De qui parlez-vous! — demanda le magistrat.

— De Cabrion, monsieur le commissaire... Mais, en se hâtant, il serait peut-être encore temps de l'atteindre — répondit M. Pipelet.

— Je ne sais pas ce que c'est que Cabrion — dit impatiemment le magistrat; — le nommé Jérôme Morel, ouvrier lapidaire, demeure dans cette maison?

— Oui, mon commissaire — dit madame Pipelet se mettant au *port d'armes.*

— Conduisez-moi à son logement.

— Morel le lapidaire! — reprit la portière au comble de la surprise; — mais c'est la brebis du bon Dieu... il est incapable de...

— Jérôme Morel demeure-t-il ici, oui ou non?

— Il y demeure, mon commissaire... avec sa famille, dans une mansarde.

— Conduisez-moi donc à cette mansarde.

Puis, s'adressant à un homme qui l'accompagnait, le magistrat lui dit :

— Que les deux gardes municipaux attendent en bas et ne quittent pas l'allée. Envoyez Justin chercher un fiacre.

L'homme s'éloigna pour exécuter ces ordres.

— Maintenant — reprit le magistrat en s'adressant à M. Pipelet — conduisez-moi chez Morel.

— Si ça vous est égal, mon commissaire, je remplacerai Alfred; il est indisposé des suites de Cabrion... qui, comme les choux, lui reste sur le pylore...

— Vous ou votre mari, peu importe, allons...

Et, précédé de madame Pipelet, il commença de monter l'escalier; mais bientôt il s'arrêta, se voyant suivi par Rodolphe et par Rigolette.

— Qui êtes-vous? que voulez-vous? — leur demanda-t-il.

— C'est les deux locataires du quatrième — dit madame Pipelet.

— Pardon, monsieur, j'ignorais que vous fussiez de la maison — dit-il à Rodolphe.

Celui-ci, augurant bien des manières polies du magistrat, lui dit :

— Vous allez trouver une famille désespérée, monsieur; je ne sais quel nouveau coup menace ce malheureux artisan, mais il a été cruellement éprouvé cette nuit... Une de ses filles, déjà épuisée par la maladie, est morte... sous ses yeux... morte de froid et de misère...

— Serait-il possible?

— C'est la vérité, mon commissaire — dit madame Pipelet. — Sans monsieur, qui vous parle, et qui est le roi des locataires, puisqu'il a sauvé par ses bienfaits le pauvre Morel de la prison, toute la famille du lapidaire serait morte de faim.

Le commissaire regardait Rodolphe avec autant d'intérêt que de surprise.

— Rien de plus simple, monsieur — reprit celui-ci — une personne très-charitable, sachant que Morel, dont je vous garantis l'honneur et la probité, était dans une position aussi déplorable que peu méritée, m'a chargé de payer une lettre de change pour laquelle les recors allaient raîner en prison ce pauvre ouvrier, seul soutien d'une famille nombreuse.

A son tour, frappé de la noble physionomie de Rodolphe et de la dignité de ses manières, le magistrat lui répondit :

— Je ne doute pas de la probité de Morel ; je regrette seulement d'avoir à remplir une pénible mission devant vous, monsieur, qui vous intéressez si vivement à cette famille.

— Que voulez-vous dire, monsieur ?

— D'après les services que vous avez rendus aux Morel, d'après votre langage, je vois, monsieur, que vous êtes un galant homme. N'ayant d'ailleurs aucune raison de cacher l'objet du mandat d'amener que j'ai à exercer, je vous avouerai qu'il s'agit de l'arrestation de Louise Morel, la fille du lapidaire.

Le souvenir du rouleau d'or offert aux gardes du commerce par la jeune fille revint à la pensée de Rodolphe.

— De quoi est-elle donc accusée, mon Dieu ?

— Elle est sous le coup d'une prévention d'infanticide.

— Elle! elle!... Oh! son pauvre père!

— D'après ce que vous m'apprenez, monsieur, je conçois que, dans les tristes circonstances où se trouve cet artisan, ce nouveau coup lui sera terrible... Malheureusement je dois obéir aux ordres que j'ai reçus.

— Mais il s'agit seulement d'une simple prévention? — s'écria Rodolphe. — Les preuves manquent sans doute?

— Je ne puis m'expliquer davantage à ce sujet... La justice a été mise sur la voie de ce crime, ou plutôt de cette présomption, par la déclaration d'un homme respectable à tous égards... le maître de Louise Morel...

— Jacques Ferrand le notaire? — dit Rodolphe indigné.

— Oui, monsieur... Mais pourquoi cette vivacité?

— M. Jacques Ferrand est un misérable, monsieur!

— Je vois avec peine que vous ne connaissez pas celui dont vous parlez, monsieur; M. Jacques Ferrand est l'homme le plus honorable du monde; il est d'une probité reconnue de tous.

— Je vous répète, monsieur, que ce notaire est un misérable... il a voulu faire emprisonner Morel parce que sa fille a repoussé ses propositions infâmes... Si Louise n'est accusée que sur la dénonciation d'un pareil homme... avouez, monsieur, que cette présomption mérite peu de créance.

— Il ne m'appartient pas, monsieur, et il ne me convient pas de discuter la valeur des déclarations de M. Ferrand — dit froidement le magistrat; — la justice est saisie de cette affaire, les tribunaux décideront : quant à moi, j'ai l'ordre de m'assurer de la personne de Louise Morel, et j'exécute mon mandat.

— Vous avez raison, monsieur, je regrette qu'un mouvement d'indignation peut-être légitime m'ait fait oublier que ce n'était en effet ni le lieu ni le moment d'élever une discussion pareille. Un mot seulement : le corps de l'enfant que Morel a perdu est resté dans sa mansarde, j'ai offert ma chambre à cette famille pour lui épargner le triste spectacle de ce cadavre ; c'est donc chez moi que vous trouverez le lapidaire et probablement sa fille. Je vous en conjure, monsieur, au nom de l'humanité, n'arrêtez pas brusquement Louise au milieu de ces infortunés, à peine arrachés à un sort épouvantable. Morel a éprouvé tant de secousses cette nuit, que sa raison n'y résisterait pas; sa femme est aussi dangereusement malade, un tel coup la tuerait.

— J'ai toujours, monsieur, exécuté mes ordres avec tous les ménagements possibles, j'agirai de même dans cette circonstance.

— Si vous me permettiez, monsieur, de vous demander une grâce? Voici ce que je vous proposerais : la jeune fille qui nous suit avec la portière occupe une chambre voisine de la mienne; je ne doute pas qu'elle ne la mette à votre disposition; vous pourriez d'abord y mander Louise, puis, s'il le faut, Morel, pour que sa fille lui fasse ses adieux... Au moins vous éviterez à une pauvre mère malade et infirme une scène déchirante.

— Si cela peut s'arranger ainsi, monsieur... volontiers.

La conversation que nous venons de rapporter avait eu lieu à demi-voix, pendant que Rigolette et madame Pipelet se tenaient discrètement à plusieurs marches de distance du commissaire et de Rodolphe; celui-ci descendit auprès de la grisette, que la présence du commissaire rendait toute tremblante, et lui dit :

— Ma pauvre voisine, j'attends de vous un nouveau service; il faudrait me laisser libre de disposer de votre chambre pendant une heure.

— Tant que vous voudrez, monsieur Rodolphe... vous avez ma clef. Mais, mon Dieu, qu'est-ce qu'il y a donc?

— Je vous l'apprendrai tantôt ; ce n'est pas tout, il faudrait être assez bonne pour retourner au Temple dire qu'on n'apporte que dans une heure ce que nous avons acheté.

— Bien volontiers, monsieur Rodolphe; mais est-ce qu'il arrive encore malheur aux Morel?

— Hélas! oui, il leur arrive quelque chose de bien triste, vous ne le saurez que trop tôt.

— Allons, mon voisin, je cours au Temple... Mon Dieu! moi qui, grâce à vous, croyais ces braves gens hors de peine!... — dit la grisette; et elle descendit rapidement l'escalier.

Rodolphe avait voulu surtout épargner à Rigolette le triste tableau de l'arrestation de Louise.

— Mon commissaire — dit madame Pipelet — puisque mon roi des locataires vous conduit, je peux aller retrouver Alfred? Il m'inquiète; c'est à peine si tout à l'heure il était remis de son indisposition de Cabrion.

— Allez... allez — dit le magistrat; et il resta seul avec Rodolphe.

Tous deux arrivèrent sur le palier du quatrième, en face de la chambre où étaient alors provisoirement établis le lapidaire et sa famille.

Tout à coup la porte s'ouvrit.

Louise, pâle, éplorée, sortit brusquement.

— Adieu, adieu! mon père — s'écria-t-elle — je reviendrai, il faut que je parte.

— Louise, mon enfant, écoute-moi donc — reprit Morel en suivant sa fille et en tâchant de la retenir.

A la vue de Rodolphe, du magistrat, Louise et le lapidaire restèrent immobiles.

— Ah! monsieur, vous notre sauveur — dit l'artisan en reconnaissant Rodolphe — aidez-moi donc à empêcher Louise de partir. Je ne sais ce qu'elle a, elle me fait peur; elle veut s'en aller. N'est-ce pas, monsieur, qu'il ne faut plus qu'elle retourne chez son maître?

N'est-ce pas que vous m'avez dit : « Louise ne vous quittera plus, ce sera votre récompense. » Oh! à cette bienheureuse promesse, je l'avoue, un moment j'ai oublié la mort de ma pauvre petite Adèle; mais aussi je veux n'être plus séparé de toi, Louise, jamais! jamais!

Le cœur de Rodolphe se brisa, il n'eut pas la force de répondre une parole.

Le commissaire dit sévèrement à Louise :

— Vous vous appelez Louise Morel?

— Oui, monsieur — répondit la jeune fille interdite.

Rodolphe avait ouvert la chambre de Rigolette.

— Vous êtes Jérôme Morel, son père? — ajouta le magistrat en s'adressant au lapidaire.

— Oui... monsieur... mais...

— Entrez là avec votre fille.

Et le magistrat montra la chambre de Rigolette, où se trouvait déjà Rodolphe.

Rassurés par la présence de ce dernier, le lapidaire et Louise, étonnés, troublés, obéirent au commissaire; celui-ci ferma la porte, et dit à Morel avec émotion :

— Je sais combien vous êtes honnête et

malheureux; c'est donc à regret que je vous apprends qu'au nom de la loi... je viens arrêter votre fille.

— Tout est découvert... je suis perdue!... — s'écria Louise épouvantée, en se jetant dans les bras de son père.

— Qu'est-ce que tu dis?... qu'est-ce que tu dis?...—reprit Morel stupéfait.—Tu es folle... pourquoi perdue?... T'arrêter!... pourquoi t'arrêter?... qui viendrait t'arrêter?...

— Moi... au nom de la loi! — et le commissaire montra son écharpe.

— Oh! malheureuse!... malheureuse!...— s'écria Louise en tombant agenouillée.

— Comment! au nom de la loi? — dit l'artisan, dont la raison, fortement ébranlée par ce nouveau coup, commençait à s'affaiblir; — pourquoi arrêter ma fille au nom de la loi?... je réponds de Louise, moi; c'est ma fille, ma digne fille... pas vrai, Louise! Comment! t'arrêter, quand notre bon ange te rend à nous pour nous consoler de la mort de ma petite Adèle? Allons donc! ça ne se peut pas!... Et puis, monsieur le commissaire, parlant par respect, on n'arrête que les misé rables, entendez-vous... Et Louise, ma fille, n'est pas une misérable. Bien sûr, vois-tu, mon enfant, ce monsieur se trompe... Je m'appelle Morel; il y a plus d'un Morel... tu t'appelles Louise; il y a plus d'une Louise... C'est ça, voyez-vous, monsieur le commissaire, il y a erreur, certainement il y a erreur!

— Il n'y a malheureusement pas erreur!.. Louise Morel, faites vos adieux à votre père.

— Vous m'enlèverez ma fille, vous!.. — s'écria l'ouvrier furieux de douleur, en s'avançant vers le magistrat d'un air menaçant.

Rodolphe saisit le lapidaire par le bras, et lui dit :

— Calmez-vous, espérez; votre fille vous sera rendue... son innocence sera prouvée : elle n'est sans doute pas coupable.

— Coupable de quoi?.. Elle ne peut être coupable de rien... Je mettrais ma main au feu que... — Puis, se souvenant de l'or que Louise avait apporté pour payer la lettre de change, Morel s'écria : — Mais cet argent!.. cet argent de ce matin, Louise!

Et il jeta sur sa fille un regard terrible.

Louise comprit.

— Moi, voler ! — s'écria-t-elle, et, les joues colorées d'une généreuse indignation, son accent, son geste, rassurèrent son père :

— Je le savais bien ! — s'écria-t-il. — Vous voyez, monsieur le commissaire... Elle le nie... et de sa vie elle n'a menti, je vous le jure... Demandez à tous ceux qui la connaissent, ils vous l'affirmeront comme moi. Elle mentir ! ah ! bien oui... elle est trop fière pour ça ; d'ailleurs, la lettre de change a été payée par notre bienfaiteur... Cet or, elle ne veut pas le garder ; elle allait le rendre à la personne qui le lui a prêté, en lui défendant de la nommer... n'est-ce pas, Louise ?

— On n'accuse pas votre fille d'avoir volé — dit le magistrat.

— Mais, mon Dieu ! de quoi l'accuse-t-on, alors ? Moi, son père, je vous jure que, de quoi qu'on puisse l'accuser, elle est innocente ; et de ma vie non plus je n'ai menti.

— A quoi bon connaître cette accusation ? — lui dit Rodolphe, ému de ses douleurs — l'innocence de Louise sera prouvée ; la personne qui s'intéresse vivement à vous protégera votre fille... Allons, du courage... cette fois encore la Providence ne vous faillira pas. Embrassez votre fille, vous la reverrez bientôt...

— Monsieur le commissaire — s'écria Morel sans écouter Rodolphe — on n'enlève pas une fille à son père sans lui dire au moins de quoi on l'accuse! Je veux tout savoir... Louise, parleras-tu?

— Votre fille est accusée... d'infanticide... — dit le magistrat.

— Je... je... ne comprends pas... je... vous...

Et Morel, atterré, balbutia quelques mots sans suite.

— Votre fille est accusée d'avoir tué son enfant — reprit le commissaire, profondément ému de cette scène. — Mais il n'est pas encore prouvé qu'elle ait commis ce crime.

— Oh! non, cela n'est pas, monsieur... cela n'est pas... — s'écria Louise avec force en se relevant. — Je vous jure qu'il était mort! Il ne respirait plus.... il était glacé..... j'ai perdu la tête.... voilà mon crime.... Mais tuer mon enfant, oh! jamais!..

— Ton enfant, misérable!!! — s'écria Morel en levant ses deux mains sur Louise, comme s'il eût voulu l'anéantir sous ce geste et sous cette imprécation terrible.

— Grâce, mon père! grâce!... — s'écria-t-elle.

Après un moment de silence effrayant, Morel reprit avec un calme plus effrayant encore :

— Monsieur le commissaire, emmenez cette créature... ce n'est pas là ma fille...

Le lapidaire voulut sortir; Louise se jeta à ses genoux, qu'elle embrassa de ses deux bras, et, la tête renversée en arrière, éperdue et suppliante, elle s'écria :

— Mon père! écoute-moi seulement... écoute-moi!

— Monsieur le commissaire, emmenez-la donc, je vous l'abandonne! — disait le lapidaire en faisant tous ses efforts pour se dégager des étreintes de Louise.

— Écoutez-la!... — lui dit Rodolphe en l'arrêtant — ne soyez pas maintenant impitoyable.

— Elle!!! mon Dieu! mon Dieu!... Elle!!! — répétait Morel en portant ses deux mains à son front — elle déshonorée!... oh! l'infâme!... l'infâme!

— Et si elle s'est déshonorée pour vous sauver?... — lui dit tout bas Rodolphe.

Ces mots firent sur Morel une impression foudroyante; il regarda sa fille éplorée, toujours agenouillée à ses pieds; puis l'interrogeant d'un coup d'œil impossible à peindre, il s'écria d'une voix sourde, les dents serrées par la rage :

— Le notaire?

Une réponse vint sur les lèvres de Louise... Elle allait parler; mais, la réflexion l'arrêtant sans doute, elle baissa la tête en silence et resta muette.

— Mais non... il voulait me faire emprisonner ce matin — reprit Morel en éclatant — ce n'est donc pas lui?... Oh! tant mieux!... tant mieux!... elle n'a pas même d'excuse à sa faute, je ne serai pour rien dans son déshonneur... je pourrai sans remords la maudire!..

— Non! non!... ne me maudissez pas, mon père!... à vous je dirai tout... à vous seul; et vous verrez... vous verrez si je ne mérite pas votre pardon...

— Écoutez-la, par pitié! — lui dit Rodolphe

— Que m'apprendra-t-elle? son infamie?.. elle va être publique; j'attendrai...

— Monsieur!... — s'écria Louise en s'adressant au magistrat — par pitié, laissez-moi dire quelques mots à mon père... avant de le quitter pour jamais, peut-être... Et devant vous aussi, notre sauveur, je parlerai... mais seulement devant vous et devant mon père,...

— J'y consens — dit le magistrat.

— Serez-vous donc insensible? refuserez-vous cette dernière consolation à votre enfant? — demanda Rodolphe à Morel. — Si vous croyez me devoir quelque reconnaissance pour les bontés que j'ai attirées sur vous... rendez-vous à la prière de votre fille...

Après un moment de farouche et morne silence, Morel répondit : — Allons!...

— Mais... où irons-nous?... — demanda Rodolphe — votre famille est à côté...

— Où nous irons? — s'écria le lapidaire avec une ironie amère ; — où nous irons? Là-haut... là-haut... dans la mansarde... à côté du corps de ma fille... le lieu est bien choisi pour cette confession... n'est-ce pas? Allons... nous verrons si Louise osera mentir en face du cadavre de sa sœur. Allons!

Et Morel sortit précipitamment, d'un air égaré, sans regarder Louise.

— Monsieur — dit tout bas le commissaire à Rodolphe — de grâce, dans l'intérêt de ce pauvre père, ne prolongez pas cet entretien... Vous disiez vrai, sa raison n'y résisterait pas; tout à l'heure son regard était presque celui d'un fou...

— Hélas! monsieur, je crains comme vous un terrible et nouveau malheur; je vais abréger, autant que possible, ces adieux déchirants.

Et Rodolphe rejoignit le lapidaire et sa fille.

Si étrange, si lugubre que fût la détermination de Morel, elle était d'ailleurs, pour ainsi dire, commandée par les localités; le magistrat consentait à attendre l'issue de cet entretien dans la chambre de Rigolette, la famille Morel occupait le logement de Rodolphe, il ne restait que la mansarde.

Ce fut dans ce funèbre réduit que se rendirent Louise, son père et Rodolphe.

CHAPITRE XV.

CONFESSION.

Sombre et cruel spectacle !

Au milieu de la mansarde telle que nous l'avons dépeinte, reposait, sur la couche de l'idiote, le corps de la petite fille morte le matin; un lambeau de drap la recouvrait.

La rare et vive clarté filtrée par l'étroite lucarne jetait, sur les figures des trois acteurs de cette scène, des lumières et des ombres durement tranchées.

Rodolphe, debout et adossé au mur, était péniblement ému.

Morel, assis sur le bord de son établi, la tête baissée, les mains pendantes, le regard fixe, farouche, ne quittait pas des yeux le matelas où étaient déposés les restes de la petite Adèle.

A cette vue, le courroux, l'indignation du lapidaire s'affaiblirent et se changèrent en une tristesse d'une amertume inexprimable; son énergie l'abandonnait, il s'affaissait sous ce nouveau coup.

Louise, d'une pâleur mortelle, se sentait défaillir; la révélation qu'elle devait faire l'épouvantait..... Pourtant elle se hasarda à prendre en tremblant la main de son père, cette pauvre main amaigrie, déformée par l'excès du travail.

Il ne la retira pas; alors sa fille, éclatant en sanglots, la couvrit de baisers, et la sentit bientôt se presser légèrement contre ses lèvres. La colère de Morel avait cessé; ses larmes, longtemps contenues, coulèrent enfin.

— Mon père! si vous saviez! — s'écria Louise — si vous saviez comme je suis à plaindre.

— Oh! tiens, vois-tu, ce sera le chagrin de toute ma vie, Louise, de toute ma vie — répondit le lapidaire en pleurant. — Toi, mon Dieu!... toi en prison... sur le banc des criminels... toi, si fière... quand tu avais le droit d'être fière... Non! — reprit-il dans un nouvel accès de douleur désespérée — non! je préférerais te voir sous le drap de mort à côté de ta pauvre petite sœur...

— Et moi aussi, je voudrais y être! — répondit Louise.

— Tais-toi, malheureuse enfant, tu me fais mal... J'ai eu tort de te dire cela ; j'ai été trop loin... Allons, parle ; mais, au nom de Dieu, ne mens pas... Si affreuse que soit la vérité, dis-moi-la... que je l'apprenne de toi... elle me paraîtra moins cruelle... Parle, hélas! les moments nous sont comptés ; en bas... on *t'attend*. Oh! les tristes...tristes adieux, juste ciel!

— Mon père, je vous dirai tout... — reprit Louise, s'armant de résolution ; — mais promettez-moi, et que notre sauveur me promette aussi, de ne répéter ceci à personne...'à personne... S'il savait que j'ai parlé, voyez-vous... Oh! — ajouta-t-elle en frissonnant de terreur — vous seriez perdus... perdus comme moi... car vous ne savez pas la puissance et la férocité de cet homme!

— De quel homme?

— De mon maître...

— Le notaire?

— Oui... — dit Louise à voix basse et en regardant autour d'elle, comme si elle eût craint d'être entendue.

— Rassurez-vous — reprit Rodolphe; — cet homme est cruel et puissant, peu importe, nous le combattrons! Du reste, si je révélais ce que vous allez nous dire, ce serait seulement dans votre intérêt ou dans celui de votre père!

— Et moi aussi, Louise, si je parlais, ce serait pour tâcher de te sauver. Mais qu'a-t-il encore fait, ce méchant homme?

— Ce n'est pas tout — dit Louise après un moment de réflexion — dans ce récit il sera question de quelqu'un qui m'a rendu un grand service... qui a été pour mon père et pour notre famille plein de bonté; cette personne était employée chez M. Ferrand lorsque j'y suis entrée; elle m'a fait jurer de ne pas la nommer.

Rodolphe, pensant qu'il s'agissait peut-être de Germain, dit à Louise:

— Si vous voulez parler de François Germain... soyez tranquille, son secret sera bien gardé par votre père et par moi.

Louise regarda Rodolphe avec surprise.

— Vous le connaissez? — dit-elle.

— Comment! ce bon, cet excellent jeune homme qui a demeuré ici pendant trois mois, était employé chez le notaire quand tu y es entrée?— dit Morel. —La première fois que tu l'as vu ici, tu as eu l'air de ne pas le connaître?..

— Cela était convenu entre nous, mon père; il avait de graves raisons pour cacher qu'il travaillait chez M. Ferrand. C'est moi qui lui avais indiqué la chambre du quatrième qui était à louer ici, sachant qu'il serait pour vous un bon voisin.

— Mais — reprit Rodolphe — qui a donc placé votre fille chez le notaire?

—Lors de la maladie de ma femme, j'avais dit à madame Burette, la prêteuse sur gages, qui loge ici, que Louise voulait entrer en maison pour nous aider. Madame Burette connaissait la femme de charge du notaire; elle m'a donné pour elle une lettre où elle lui recommandait Louise comme un excellent

sujet. Maudite... maudite soit cette lettre...
elle est la cause de tous nos malheurs... Enfin,
monsieur, voilà comment ma fille est entrée
chez le notaire.

— Quoique je sois instruit de quelques-uns
des faits qui ont causé la haine de M. Ferrand
contre votre père — dit Rodolphe à Louise
— je vous prie, racontez-moi en peu de mots
ce qui s'est passé entre vous et le notaire depuis votre entrée à son service... cela pourra
servir à vous défendre.

— Pendant les premiers temps de mon
séjour chez M. Ferrand — reprit Louise —
je n'ai pas eu à me plaindre de lui. J'avais
beaucoup de travail, la femme de charge
me rudoyait souvent, la maison était triste,
mais j'endurais tout avec patience, le service
est le service; ailleurs j'aurais eu d'autres
désagréments. M. Ferrand avait une figure
sévère, il allait à la messe, il recevait souvent
des prêtres; je ne me défiais pas de lui, dans
les commencements il me regardait à peine, il
me parlait très-durement, surtout en présence des étrangers.

Excepté le portier qui logeait sur la rue,

dans le corps de logis où est l'étude, j'étais seule de domestique avec madame Séraphin, la femme de charge. Le pavillon que nous occupions était une grande masure isolée, entre la cour et le jardin. Ma chambre était tout en haut. Bien souvent j'avais peur, restant le soir toujours seule, ou dans la cuisine qui est souterraine, ou dans ma chambre. La nuit, il me semblait quelquefois entendre des bruits sourds et extraordinaires à l'étage au-dessous de moi, que personne n'habitait, et où seulement M. Germain venait souvent travailler dans le jour; deux des fenêtres de cet étage étaient murées, et une des portes, très-épaisse, était renforcée de lames de fer. La femme de charge m'a dit depuis que dans cet endroit se trouvait la caisse de M. Ferrand.

Un jour j'avais veillé très-tard pour finir des raccommodages pressés; j'allai pour me coucher, lorsque j'entendis marcher doucement dans le petit corridor au bout duquel était ma chambre, on s'arrêta à ma porte; d'abord je supposai que c'était la femme de charge; mais, comme on n'entrait pas, cela me fit peur; je n'osais bouger, j'écoutais, on ne remuait pas, j'étais pourtant sûre qu'il y avait quelqu'un derrière ma porte; je demandai par deux fois qui était là... on ne répondit rien... De plus en plus effrayée, je poussai ma commode contre la porte, qui n'avait ni verrou, ni serrure. J'écoutais toujours, rien ne bougea; au bout d'une demi-heure, qui me parut bien longue, je me jetai sur mon lit, la nuit se passa tranquillement. Le lendemain, je demandai à la femme de charge la permission de faire mettre un verrou à ma chambre, qui n'avait pas de serrure, lui racontant ma peur de la nuit; elle me répondit que j'avais rêvé, qu'il fallait d'ailleurs m'adresser à M. Ferrand pour ce verrou. A ma demande il haussa les épaules, me dit que j'étais folle; je n'osai plus en parler.

A quelque temps de là, arriva le malheur du diamant. Mon père, désespéré, ne savait comment faire. Je contai son chagrin à madame Séraphin; elle me répondit : — « *Monsieur* est si charitable, qu'il fera peut-être quelque chose pour votre père. » — Le soir même, je servais à table; M. Ferrand me dit brusquement : — « Ton père a besoin de treize cents francs; va ce soir lui dire de passer demain à mon étude, il aura son argent. C'est un honnête homme, il mérite qu'on s'intéresse à lui. » — A cette marque de bonté, je fondis en larmes; je ne savais comment remercier mon maître; il me dit avec sa brusquerie ordinaire : — « C'est bon, c'est bon; ce que je fais est tout simple... » — Le soir, après mon ouvrage, je vins annoncer cette bonne nouvelle à mon père, et le lendemain...

— J'avais les treize cents francs contre une lettre de change à trois mois de date, acceptée en blanc par moi — dit Morel; — je fis comme Louise, je pleurai de reconnaissance; j'appelai cet homme mon bienfaiteur... mon sauveur. Oh! il a fallu qu'il fût bien méchant pour détruire la reconnaissance et la vénération que je lui avais vouées...

— Cette précaution de vous faire souscrire une lettre de change en blanc à une échéance tellement rapprochée que vous ne pouviez la payer, n'éveilla pas vos soupçons? — lui demanda Rodolphe.

— Non, monsieur; j'ai cru que le notaire prenait ses sûretés, voilà tout; d'ailleurs, il me dit que je n'avais pas besoin de songer à rembourser cette somme avant deux ans ; tous les trois mois je lui renouvellerais seulement la lettre de change pour plus de régularité ; cependant à la première échéance on l'a présentée ici, elle n'a pas été payée ; il a obtenu jugement contre moi sous le nom d'un tiers ; mais il m'a fait dire que ça ne devait pas m'inquiéter... que c'était une erreur de son huissier.

— Il voulait ainsi vous tenir en sa puissance... — dit Rodolphe.

— Hélas ! oui, monsieur ; car ce fut à dater de ce jugement qu'il commença de... Mais continue, Louise... continue... Je ne sais plus où j'en suis... la tête me tourne... j'ai comme des absences... j'en deviendrai fou !... C'est par trop, aussi... c'est par trop !...

Rodolphe calma le lapidaire. Louise reprit :

— Je redoublais de zèle, afin de reconnaître, comme je pouvais, les bontés de M. Ferrand pour nous. La femme de charge me prit dès lors en grande aversion ; elle trouvait du plaisir à me tourmenter, à me mettre dans mon fort en ne me répétant pas les ordres que M. Ferrand lui donnait pour moi ; je souffrais de ces désagréments, j'aurais préféré une autre place; mais l'obligation que mon père avait à mon maître m'empêchait de m'en aller. Depuis trois mois M. Ferrand avait prêté cet argent; il continuait de me brusquer devant madame Séraphin ; cependant il me regardait quelquefois à la dérobée d'une manière qui m'embarrassait, et il souriait en me voyant rougir.

—Vous comprenez, monsieur, il était alors en train d'obtenir contre moi une contrainte par corps.

—Un jour—reprit Louise—la femme de charge sort après le dîner, contre son habitude ; les clercs quittent l'étude ; ils logeaient dehors. M. Ferrand envoie le portier en commission, je reste à la maison seule avec mon maître ; je travaillais dans l'antichambre, il me sonne. J'entre dans sa chambre à coucher, il était debout devant la cheminée, je m'approche de lui, il se retourne brusquement, me prend dans ses bras...; sa figure était rouge comme du sang, ses yeux brillaient.

J'eus une peur affreuse, la surprise m'empêcha d'abord de faire un mouvement; mais, quoiqu'il soit très-fort, je me débattis si vivement que je lui échappai, je me sauvai dans l'antichambre, dont je poussai la porte, la tenant de toutes mes forces, la clef était de son côté.

—Vous l'entendez, monsieur... vous l'entendez... — dit Morel à Rodolphe — voilà la conduite de ce digne bienfaiteur.

—Au bout de quelques moments la porte céda sous ses efforts — reprit Louise — heureusement la lampe était à ma portée, j'eus le temps de l'éteindre. L'antichambre était éloignée de la pièce où il se tenait; il se trouva tout à coup dans l'obscurité, il m'appela, je ne répondis pas ; il me dit alors d'une voix tremblante de colère : — « Si tu essaies de m'échapper, ton père ira en prison pour les treize cents francs qu'il me doit et qu'il ne peut payer. » — Je le suppliai d'avoir pitié de moi, je lui promis de faire tout au monde pour le bien servir, pour reconnaître ses bontés, mais je lui déclarai que rien ne me forcerait à m'avilir.

— C'est pourtant bien là le langage de Louise — dit Morel — de ma Louise quand elle avait le droit d'être fière... Mais comment?... Enfin continue..., continue...

— Je me trouvais toujours dans l'obscurité; j'entends, au bout d'un moment, fermer la porte de sortie de l'antichambre, que mon maître avait trouvée à tâtons. Il me tenait ainsi en son pouvoir; il court chez lui, et revient bientôt avec une lumière... Je n'ose vous dire, mon père, la lutte nouvelle qu'il me fallut soutenir, ses menaces, ses poursuites de chambre en chambre : heureusement le désespoir, la peur, la colère me donnèrent des forces; ma résistance le rendait furieux, il ne se possédait plus. Il me maltraita, me frappa; j'avais la figure en sang...

— Mon Dieu! mon Dieu! — s'écria le lapidaire en levant ses mains au ciel — ce sont là des crimes pourtant... et il n'y a pas de punition pour un tel monstre... il n'y en a pas...

— Peut-être — dit Rodolphe, qui semblait réfléchir profondément; puis, s'adressant à Louise : — Courage! dites tout...

— Cette lutte durait depuis long-temps;

mes forces m'abandonnaient, lorsque le portier, qui était rentré, sonna deux coups: c'était une lettre qu'on annonçait. Craignant, si je n'allais pas la chercher, que le portier ne l'apportât lui-même, M. Ferrand me dit : — « Va-t'en !..... Dis un mot, et ton père est perdu ; si tu cherches à sortir de chez moi, il est encore perdu ; si on vient aux renseignements sur toi, je t'empêcherai de te placer, en laissant entendre, sans l'affirmer, que tu m'as volé. Je dirai de plus que tu es une détestable servante... » — Le lendemain de cette scène, malgré les menaces de mon maître, j'accourus ici tout dire à mon père... Il voulait me faire à l'instant quitter cette maison... mais la prison était là... Le peu que je gagnais devenait indispensable à notre famille depuis la maladie de ma mère... Et les mauvais renseignements que M. Ferrand me menaçait de donner sur moi m'auraient empêchée de me placer ailleurs pendant bien longtemps peut-être...

— Oui — dit Morel avec une sombre amertume — nous avons eu la lâcheté, l'égoïsme de laisser notre enfant retourner là... Oh ! je vous le disais bien, la misère... la misère... que d'infamies elle fait commettre!...

— Hélas! mon père, n'avez-vous pas essayé de toutes manières de vous procurer ces treize cents francs? Cela étant impossible, il a bien fallu nous résigner.

— Va, va, continue... les tiens ont été tes bourreaux; nous sommes plus coupables que toi du malheur qui t'arrive — dit le lapidaire en cachant sa figure dans ses mains.

— Lorsque je revis mon maître — reprit Louise — il fut pour moi, comme il avait été avant la scène dont je vous ai parlé, brusque et dur; il ne me dit pas un mot du passé; la femme de charge continua de me tourmenter; elle me donnait à peine ce qui m'était nécessaire pour me nourrir, enfermait le pain sous clef; quelquefois par méchanceté elle souillait devant moi les restes du repas qu'on me laissait, car presque toujours elle mangeait avec M. Ferrand. La nuit, je dormais à peine; je craignais à chaque instant de voir le notaire entrer dans ma chambre, qui ne fermait pas : il m'avait fait ôter la commode que je mettais devant ma porte pour me garder; il ne me restait qu'une chaise, une petite table et ma malle. Je tâchais de me barricader avec cela comme je pouvais, et je me couchais toute habillée. Pendant quelque temps, il me laissa tranquille; il ne me regardait même pas. Je commençais à me rassurer un peu, pensant qu'il ne songeait plus à moi. Un dimanche, il m'avait permis de sortir; je vins annoncer cette bonne nouvelle à mon père et à ma mère. Nous étions tous bien heureux!... C'est jusqu'à ce moment que vous avez tout su, mon père... Ce qui me reste à vous dire... — et la voix de Louise trembla... — est affreux... je vous l'ai toujours caché.

— Oh! j'en étais bien sûr... bien sûr... que tu me cachais un secret — s'écria Morel avec une sorte d'égarement et une singulière volubilité d'expressions qui étonna Rodolphe. — Ta pâleur, tes traits... auraient dû m'éclairer. Cent fois je l'ai dit à ta mère... mais bah! bah! bah! elle me rassurait... La voilà bien! la voilà bien! pour échapper au mauvais sort, laisser notre fille chez ce monstre!... Et notre fille, où va-t-elle? Sur le banc des criminels... La voilà bien! Ah! mais aussi... enfin... qui sait?..

au fait... parce qu'on est pauvre... oui... mais les autres ?... Bah... bah... les autres...—Puis, s'arrêtant comme pour rassembler ses pensées qui lui échappaient, Morel se frappa le front, et s'écria : — Tiens ! je ne sais plus ce que je dis... la tête me fait un mal horrible... il me semble que je suis gris...

Et il cacha sa tête dans ses deux mains.

Rodolphe ne voulut pas laisser voir à Louise combien il était effrayé de l'incohérence du langage du lapidaire; il reprit gravement :

— Vous n'êtes pas juste, Morel; ce n'est pas pour elle seule, mais pour sa mère, pour ses enfants, pour vous-même, que votre pauvre femme redoutait les funestes conséquences de la sortie de Louise de chez le notaire... N'accusez personne... Que toutes les malédictions, que toutes les haines retombent sur un seul homme... sur ce monstre d'hypocrisie, qui plaçait une fille entre le déshonneur et la ruine... la mort peut-être de son père et de sa famille; sur ce maître qui abusait d'une manière infâme de son pouvoir de maître... Mais patience, je vous l'ai dit, la Providence réserve souvent au crime des vengeances surprenantes et épouvantables.

Les paroles de Rodolphe étaient, pour ainsi dire, empreintes d'un tel caractère de certitude et de conviction en parlant de cette vengeance providentielle, que Louise regarda son sauveur avec surprise, presque avec crainte.

— Continuez, mon enfant — reprit Rodolphe en s'adressant à Louise — ne nous cachez rien... cela est plus important que vous ne le pensez.

— Je commençais donc à me rassurer un peu — dit Louise, lorsqu'un soir M. Ferrand et la femme de charge sortirent chacun de leur côté. Ils ne dînèrent pas à la maison, je restai seule ; comme d'habitude, on me laissa ma ration d'eau, de pain et de vin, après avoir fermé à clef les buffets. Mon ouvrage terminé, je dînai, et puis, ayant peur toute seule dans les appartements, je remontai dans ma chambre, après avoir allumé la lampe de M. Ferrand. Quand il sortait le soir, on ne l'attendait jamais. Je me mis à travailler, et, contre mon ordinaire, peu à peu le sommeil me gagna... Ah! mon père! — s'écria Louise en s'interrompant avec crainte — vous allez ne pas me croire... vous allez m'accuser de mensonge... et pourtant, tenez, sur le corps de ma pauvre petite sœur, je vous jure que je vous dis bien la vérité...

— Expliquez-vous — dit Rodolphe.

— Hélas! monsieur, depuis sept mois je cherche en vain à m'expliquer à moi-même cette nuit affreuse... sans pouvoir y parvenir; j'ai manqué perdre la raison en tâchant d'éclaircir ce mystère.

— Mon Dieu! mon Dieu! que va-t-elle dire!... — s'écria le lapidaire, sortant de l'espèce de stupeur indifférente qui l'accablait par intermittence depuis le commencement de ce récit.

— Je m'étais, contre mon habitude, endormie sur ma chaise... — reprit Louise. — Voilà la dernière chose dont je me souviens. Avant... avant... oh! mon père, pardon... Je vous jure que je ne suis pas coupable, pourtant...

— Je te crois!.. je te crois... mais parle!

— Je ne sais pas depuis combien de temps je dormais, lorsque je m'éveillai, toujours dans ma chambre... mais couchée et déshonorée par M. Ferrand, qui était auprès de moi...

— Tu mens!.. tu mens!.. — s'écria le lapidaire furieux. — Avoue-moi que tu as cédé à la violence! à la peur de me voir traîner en prison!.. mais ne mens pas ainsi.

— Mon père, je vous jure...

— Tu mens! tu mens!.. Pourquoi le notaire aurait-il voulu me faire emprisonner, puisque tu lui avais cédé?

— Cédé, oh! non, mon père!.. mon sommeil fut si profond que j'étais comme morte... Cela vous semble extraordinaire, impossible... Mon Dieu, je le sais bien; car à cette heure je ne peux encore le comprendre.

— Et moi je comprends tout — reprit Rodolphe en interrompant Louise — ce crime manquait à cet homme... N'accusez pas votre fille de mensonge, Morel... Dites-moi, Louise, en dînant, avant de monter dans votre chambre, n'avez-vous pas remarqué quelque goût étrange à ce que vous avez bu? Tâchez de bien rappeler cette circonstance.

Après un moment de réflexion, Louise répondit :

— Je me souviens, en effet, que le mélange d'eau et de vin que madame Séraphin me laissa, selon son habitude, avait un goût un peu amer; je n'y ai pas alors fait attention parce que quelquefois la femme de charge s'amusait à mettre du sel ou du poivre dans ce que je buvais...

— Et ce jour-là cette boisson vous a semblé amère?

— Oui, monsieur, mais pas assez pour m'empêcher de la boire; j'ai cru que le vin était tourné.

Morel, l'œil fixe, un peu hagard, écoutait les questions de Rodolphe et les réponses de Louise sans paraître comprendre leur portée.

— Avant de vous endormir sur votre chaise... n'avez-vous pas senti votre tête pesante... vos jambes alourdies?

— Oui, monsieur... les tempes me battaient, j'avais un léger frisson, j'étais bien mal à mon aise.

— Oh! le misérable!.. le misérable!.. —

s'écria Rodolphe. — Savez-vous, Morel, ce que cet homme a fait boire à votre fille?

L'artisan regarda Rodolphe sans lui répondre.

— La femme de charge, sa complice, avait mêlé dans le breuvage de Louise un soporifique, de l'opium sans doute; les forces, la pensée de votre fille ont été paralysées pendant quelques heures; en sortant de ce sommeil léthargique... elle était déshonorée.

— Ah! maintenant — s'écria Louise — mon malheur s'explique... Vous le voyez, mon père, je suis moins coupable que je ne le paraissais. Mon père... mon père... réponds-moi donc!

Le regard du lapidaire était d'une effrayante fixité.

Une si horrible perversité ne pouvait entrer dans l'esprit de cet homme naïf et honnête. Il comprenait à peine cette affreuse révélation.

Et puis, faut-il le dire, depuis quelques moments sa raison lui échappait... par instants ses idées s'obscurcissaient; alors il tombait dans ce néant de la pensée qui est à l'intelligence ce que la nuit est à la vue... formidable symptôme de l'aliénation mentale.

Pourtant Morel reprit d'une voix sourde, brève et précipitée :

— Oh! oui, c'est bien mal... bien mal... très-mal.

Et il retomba dans son apathie.

Rodolphe le regarda avec anxiété, il crut que l'énergie de l'indignation commençait à s'épuiser chez ce malheureux; de même qu'à la suite de violents chagrins souvent les larmes manquent.

Voulant terminer le plus tôt possible ce triste entretien, Rodolphe dit à Louise :

— Courage, mon enfant, achevez de nous dévoiler ce tissu d'horreurs.

— Hélas! monsieur, ce que vous avez entendu n'est rien encore... En voyant M. Ferrand auprès de moi je jetai un cri de frayeur. Je voulus fuir, il me retint de force; je me sentais encore si faible, si appesantie, sans doute à cause du breuvage dont vous m'avez parlé, que je ne pus m'échapper de ses mains.

— Pourquoi te sauves-tu maintenant? — me dit M. Ferrand d'un air étonné qui me confondit. — Quel est ce caprice? Ne suis-je pas là de ton consentement? — Ah! monsieur, c'est indigne!—m'écriai-je;—vous avez abusé de mon sommeil pour me perdre! Mon père le saura. — Mon maître éclata de rire. — J'ai abusé de ton sommeil, moi! mais tu plaisantes? A qui feras-tu croire ce mensonge? Il est quatre heures du matin. Je suis ici depuis dix heures; tu aurais dormi bien long-temps et bien opiniâtrément. Avoue donc plutôt que je n'ai fait que profiter de ta bonne volonté. Allons, ne sois pas ainsi capricieuse, ou nous nous fâcherons. Ton père est en mon pouvoir; tu n'as plus de raisons maintenant pour me repousser; sois soumise et nous serons bons amis; sinon, prends garde. — Je dirai tout à mon père! — m'écriai-je; — il saura me venger. Il y a une justice!... — M. Ferrand me regarda avec surprise. — Mais tu es donc décidément folle? Et que diras-tu à ton père? Qu'il t'a convenu de me recevoir ici? Libre à toi... tu verras comme il t'accueillera. — Mon Dieu! mais cela n'est pas vrai... Vous savez bien que vous êtes ici malgré moi!... — Malgré toi? Tu aurais l'effronterie de soutenir ce mensonge, de parler de violences? Veux-tu une preuve de ta fausseté? J'avais ordonné à Germain, mon caissier, de revenir hier soir, à dix heures, terminer un travail pressé; il a travaillé jusqu'à une heure du matin dans une chambre au-dessous de celle-ci. N'aurait-il pas entendu tes cris, le bruit d'une lutte pareille à celle que j'ai soutenue en bas contre toi, méchante, quand tu n'étais pas aussi raisonnable qu'aujourd'hui? Eh bien! interroge demain Germain, il affirmera ce qui est : que cette nuit tout a été parfaitement tranquille dans la maison.

— Oh! toutes les précautions étaient prises pour assurer son impunité! — dit Rodolphe.

— Oui, monsieur; car j'étais atterrée. A tout ce que me disait M. Ferrand je ne trouvais rien à répondre. Ignorant quel breuvage il m'avait fait prendre, je ne m'expliquais pas à moi-même la persistance de mon sommeil. Les apparences étaient contre moi. Si je me plaignais, tout le monde m'accuserait; cela devait être, puisque que pour moi-même cette nuit affreuse était un mystère impénétrable.

CHAPITRE XVI.

LE CRIME.

Rodolphe restait confondu de l'effroyable hypocrisie de M. Ferrand.

— Ainsi — dit-il à Louise — vous n'avez pas osé vous plaindre à votre père de l'odieux attentat du notaire?

— Non, monsieur; il m'aurait crue sans doute la complice de M. Ferrand; et puis je craignais que, dans sa colère, mon père n'oubliât que sa liberté, que l'existence de notre famille dépendaient toujours de mon maître.

— Et probablement — reprit Rodolphe, pour éviter à Louise une partie de ces pénibles aveux — cédant à la contrainte, à la frayeur de perdre votre père par un refus, vous avez continué d'être la victime de ce misérable?

Louise baissa les yeux en rougissant.

— Et ensuite sa conduite fut-elle moins brutale envers vous?

— Non, monsieur; pour éloigner les soupçons, lorsque par hasard il avait le curé de Bonne-Nouvelle et son vicaire à dîner, mon maître m'adressait devant eux de durs reproches; il priait M. le curé de m'admonester; il lui disait que tôt ou tard je me perdrais, que j'avais des manières trop libres avec les clercs de l'étude, que j'étais fainéante, qu'il me gardait par charité pour mon père, un honnête père de famille qu'il avait obligé... Sauf le service rendu à mon père, tout cela était faux. Jamais je ne voyais les clercs de l'étude; ils travaillaient dans un corps de logis séparé du nôtre.

— Et quand vous vous trouviez seule avec M. Ferrand, comment expliquait-il sa conduite à votre égard devant le curé?

— Il m'assurait qu'il plaisantait... Mais le curé prenait ces accusations au sérieux; il me disait sévèrement qu'il faudrait être doublement vicieuse pour se perdre dans une sainte maison où j'avais continuellement sous les yeux de religieux exemples. A cela je ne savais que répondre, je baissais la tête en rougissant; mon silence, ma confusion tournaient encore contre moi; la vie m'était si à charge que bien des fois j'ai été sur le point de me détruire; mais je pensais à mon père, à ma mère, à mes frères et sœurs que je soutenais un peu... je me résignais; au milieu de mon avilissement je trouvais une consolation : au moins mon père était sauvé de la prison. Un nouveau malheur m'accabla, je devins mère... je me vis perdue tout à fait. Je ne sais pourquoi je pressentis que M. Ferrand, en apprenant un événement qui aurait pourtant dû le rendre moins cruel pour moi, redoublerait de mauvais traitements à mon égard; j'étais pourtant loin encore de supposer ce qui allait arriver...

Morel, revenu de son aberration momentanée, regarda autour de lui avec étonnement, passa sa main sur son front, rassembla ses souvenirs, et dit à sa fille :

— Il me semble que j'ai eu un moment d'absence... la fatigue... le chagrin... que disais-tu?...

— Lorsque M. Ferrand apprit que j'étais mère...

Le lapidaire fit un geste de désespoir, Rodolphe le calma d'un regard.

— Allons, j'écouterai jusqu'au bout — dit Morel. — Va... va...

Louise reprit :

— Je demandai à M. Ferrand par quels moyens je cacherais ma honte et les suites d'une faute dont il était l'auteur... hélas! c'est à peine si vous me croirez, mon père...

— Eh bien?...

— M'interrompant avec indignation... et une feinte surprise, il eut l'air de ne pas me comprendre; il me demanda si j'étais folle. Effrayée, je m'écriai : — Mais, mon Dieu, que voulez-vous donc que je devienne maintenant? si vous n'avez pas pitié de moi, ayez au moins pitié de votre enfant. « Quelle horreur — s'écria M. Ferrand en levant les mains au ciel. — Comment, misérable! tu as l'audace de m'accuser d'être assez bassement corrompu pour descendre jusqu'à une fille de ton espèce... tu es assez effrontée pour m'attribuer les suites de tes débordements, moi qui t'ai cent fois répété devant les témoins les plus respectables que tu te perdrais, vile débauchée ! Sors de chez moi à l'instant ; je te chasse...

Rodolphe et Morel restaient frappés d'épouvante... une hypocrisie si infernale les foudroyait.

— Oh ! je l'avoue... — dit Rodolphe — cela passe les prévisions les plus horribles.

Morel ne dit rien, ses yeux s'agrandirent d'une manière effrayante, un spasme convulsif contracta ses traits ; il descendit de l'établi où il était assis, ouvrit brusquement un tiroir, y prit une forte lime très-longue, très-acérée, emmanchée dans une poignée en bois, et s'élança vers la porte.

Rodolphe devina sa pensée, le saisit par le bras et l'arrêta.

— Morel, où allez-vous ?.. Vous vous perdez, malheureux !

— Prenez garde ! — s'écria l'artisan furieux en se débattant — je ferai deux malheurs au lieu d'un !

Et l'insensé menaça Rodolphe.

— Mon père... c'est notre sauveur!.. — s'écria Louise.

— Il se moque bien de nous!.. bah! bah! il veut sauver... le notaire! — répondit Morel complétement égaré, en luttant contre Rodolphe.

Au bout d'une seconde, celui-ci le désarma avec ménagement, ouvrit la porte et jeta la lime sur l'escalier.

Louise courut au lapidaire, le serra dans ses bras, et lui dit :

— Mon père... c'est notre bienfaiteur!.. tu as levé la main sur lui; reviens donc à toi!

Ces mots rappelèrent Morel à lui-même, il cacha sa figure dans ses mains, et, muet, il tomba aux genoux de Rodolphe.

— Relevez-vous, pauvre père — reprit Rodolphe avec bonté. — Patience... patience... je comprends votre fureur, je partage votre haine; mais, au nom même de votre vengeance, ne la compromettez pas...

— Mon Dieu! mon Dieu! — s'écria le lapidaire en se relevant. — Mais que peut la justice... la loi... contre cela? Pauvres gens que nous sommes! Quand nous irons accuser cet homme riche, puissant, respecté, on nous rira au nez, ah, ah, ah! — Et il se prit à rire d'un rire convulsif. — Et on aura raison... Où seront nos preuves? oui, nos preuves? On ne nous croira pas. Aussi, je vous dis, moi — s'écria-t-il dans un redoublement de folle fureur — je vous dis que je n'ai confiance que dans l'impartialité du couteau...

— Silence, Morel, la douleur vous égare — lui dit tristement Rodolphe... — Laissez parler votre fille... les moments sont précieux, le magistrat l'attend, il faut que je sache tout... vous dis-je... tout... Continuez, mon enfant.

Morel retomba sur son escabeau avec accablement.

— Il est inutile, monsieur — reprit Louise — de vous dire mes larmes, mes prières; j'étais anéantie. Ceci s'était passé à dix heures du matin dans le cabinet de M. Ferrand; le curé devait venir déjeuner avec lui ce jour-là; il entra au moment où mon maître m'accablait de reproches et d'outrages... il parut vivement contrarié à la vue du prêtre.

— Et que dit-il alors?..

— Il eut bientôt pris son parti; il s'écria,

en me montrant : — Eh bien! monsieur l'abbé, je le disais bien, que cette malheureuse se perdrait... Elle est perdue... à tout jamais perdue; elle vient de m'avouer sa faute et sa honte... en me priant de la sauver. Et penser que j'ai, par pitié, reçu dans ma maison une telle misérable! — Comment! — me dit M. l'abbé avec indignation — malgré les conseils salutaires que votre maître vous a donnés maintes fois devant moi... vous vous êtes avilie à ce point! Oh! cela est impardonnable... Mon ami, après les bontés que vous avez eues pour cette malheureuse et pour sa famille, de la pitié serait faiblesse... Soyez inexorable — dit l'abbé, dupe comme tout le monde de l'hypocrisie de M. Ferrand.

— Et vous n'avez pas à cet instant démasqué l'infâme? — dit Rodolphe.

— Mon Dieu! monsieur, j'étais terrifiée, ma tête se perdait, je n'osais, je ne pouvais prononcer une parole; pourtant je voulus parler, me défendre : — Mais, monsieur... — m'écriai-je... — Pas un mot de plus, indigne créature — me dit M. Ferrand en m'interrompant. — Tu as entendu M. l'abbé... De la pitié serait de la faiblesse... Dans une heure tu auras quitté ma maison! — Puis, sans me laisser le temps de répondre, il emmena l'abbé dans une autre pièce.

Après le départ de M. Ferrand — reprit Louise — je fus un moment comme en délire, je me voyais chassée de chez lui, ne pouvant me replacer ailleurs, à cause de l'état où je me trouvais et des mauvais renseignements que mon maître donnerait sur moi; je ne doutais pas non plus que dans sa colère il ne fît emprisonner mon père, je ne savais que devenir; j'allai me réfugier et pleurer dans ma chambre.

— Au bout de deux heures, M. Ferrand y parut : — Ton paquet est-il fait? — me dit-il. — Grâce! — lui dis-je en tombant à ses pieds — ne me renvoyez pas de chez vous dans l'état où je suis. Que vais-je devenir? je ne puis me placer nulle part! — Tant mieux, Dieu te punit ainsi de ton libertinage et de tes mensonges. — Vous osez dire que je mens? — m'écriai-je indignée — vous osez dire que ce n'est pas vous qui m'avez perdue? — Sors à l'instant de chez moi, infâme, puisque tu persistes dans tes calomnies — s'écria-t-il d'une voix terrible. — Et pour te punir, demain je ferai emprisonner ton père. — Eh bien! non, non — lui dis-je épouvantée — je ne vous accuserai plus, monsieur... je vous le promets, mais ne me chassez pas... Ayez pitié de mon père; le peu que je gagne ici soutient ma famille... Gardez-moi chez vous... je ne dirai rien... Je tâcherai qu'on ne s'aperçoive de rien ; et quand je ne pourrai plus cacher ma triste position, eh bien! alors seulement vous me renverrez.

Après de nouvelles supplications de ma part, M. Ferrand consentit à me garder chez lui ; je regardai cela comme un grand service, tant mon sort était affreux. Pourtant pendant les cinq mois qui suivirent cette scène cruelle, je fus bien malheureuse, bien maltraitée; quelquefois, seulement, M. Germain, que je voyais rarement, m'interrogeait avec bonté au sujet de mes chagrins; mais la honte m'empêchait de lui rien avouer.

— N'est-ce pas à peu près à cette époque qu'il vint habiter ici?

— Oui, monsieur, il cherchait une chambre du côté de la rue du Temple ou de l'Arsenal; il y en avait une à louer ici, je lui ai enseigné celle que vous occupez maintenant, monsieur; elle lui a convenu. Lorsqu'il l'a quittée, il y a près de deux mois, il m'a priée de ne pas dire ici sa nouvelle adresse, que l'on savait chez M. Ferrand.

L'obligation où était Germain d'échapper aux poursuites dont il était l'objet expliquait ces précautions aux yeux de Rodolphe.

— Et vous n'avez jamais songé à faire vos confidences à Germain? — demanda-t-il à Louise.

— Non, monsieur, il était aussi dupe de l'hypocrisie de M. Ferrand; il le disait dur, exigeant; mais il le croyait le plus honnête homme de la terre.

— Germain, lorsqu'il logeait ici, n'entendait-il pas votre père accuser quelquefois le notaire d'avoir voulu vous séduire?

— Mon père ne parlait jamais de ses craintes devant des étrangers; et d'ailleurs, à cette époque, je trompais ses inquiétudes; je le rassurais en lui disant que M. Ferrand ne songeait plus à moi... Hélas! mon pauvre père, maintenant, vous me pardonnerez ces mensonges. Je ne les faisais que pour vous tranquilliser; vous le voyez bien, n'est-ce pas?

Morel ne répondit rien; le front appuyé à ses deux bras croisés sur son établi, il sanglotait.

Rodolphe fit signe à Louise de ne pas adresser de nouveau la parole à son père. Elle continua :

— Je passai ces cinq mois dans des larmes, dans des angoisses continuelles. A force de précautions, j'étais parvenue à cacher mon état à tous les yeux, mais je ne pouvais espérer de le dissimuler ainsi pendant les deux derniers mois qui me séparaient du terme fatal... L'avenir était pour moi de plus en plus effrayant, M. Ferrand m'avait déclaré qu'il ne voulait plus me garder chez lui... J'allais être ainsi privée du peu de ressources qui aidaient notre famille à vivre. Maudite, chassée par mon père, car, d'après les mensonges que je lui avais faits jusqu'alors pour le rassurer, il me croirait complice et non victime de M. Ferrand... que devenir? où me réfugier? où me placer... dans la position où j'étais? J'eus alors une idée bien criminelle. Heureusement j'ai reculé devant son exécution ; je vous fais cet aveu, monsieur, parce que je ne veux rien cacher, même de ce qui peut m'accuser, et aussi pour vous montrer à quelles extrémités m'a réduite la cruauté de M. Ferrand. Si j'avais cédé à une funeste pensée, n'aurait-il pas été le complice de mon crime?

Après un moment de silence, Louise reprit avec effort, et d'une voix tremblante :

—J'avais entendu dire par la portière qu'un charlatan demeurait dans la maison... et...

Elle ne put achever.

Rodolphe se rappela qu'à sa première entrevue avec madame Pipelet il avait reçu du facteur, en l'absence de la portière, une lettre écrite sur gros papier, d'une écriture contrefaite, et sur laquelle il avait remarqué les traces de quelques larmes...

— Et vous lui avez écrit, malheureuse enfant... il y a de cela trois jours !... Sur cette lettre vous aviez pleuré, votre écriture était déguisée.

Louise regardait Rodolphe avec effroi...

— Comment savez-vous, monsieur?...

— Rassurez-vous. J'étais seul dans la loge de madame Pipelet quand on a apporté cette lettre, et, par hasard, je l'ai remarquée...

— Eh bien! oui, monsieur. Dans cette lettre sans signature j'écrivais à M. Bradamanti que, n'osant pas aller chez lui, je le priais de se trouver le soir près du Château-d'Eau... J'avais la tête perdue. Je voulais lui demander ses affreux conseils... Je sortis de chez mon maître dans l'intention de les suivre, mais au bout d'un instant la raison me revint, je compris quel crime j'allais commettre... Je regagnai la maison et je manquai ce rendez-vous. Ce soir-là se passa une scène dont les suites ont causé le dernier malheur qui m'accable.

M. Ferrand me croyait sortie pour deux heures, tandis qu'au bout de très-peu de temps j'étais de retour. En passant devant la petite porte du jardin, à mon grand étonnement je la vis entr'ouverte; j'entrai par là, et je rapportai la clef dans le cabinet de M. Ferrand, où on la déposait ordinairement. Cette pièce précédait sa chambre à coucher, le lieu le plus retiré de la maison; c'était là

qu'il donnait ses audiences secrètes, traitant ses affaires courantes dans le bureau de son étude. Vous allez savoir, monsieur, pourquoi je vous donne ces détails : connaissant très-bien les êtres du logis, après avoir traversé la salle à manger qui était éclairée, j'entrai sans lumière dans le salon, puis dans le cabinet qui précédait sa chambre à coucher. La porte de cette dernière pièce s'ouvrit au moment où je posais la clef sur une table. A peine mon maître m'eut-il aperçue à la clarté de la lampe qui brûlait dans sa chambre, qu'il referma brusquement la porte sur une personne que je ne pus voir; puis, malgré l'obscurité, il se précipita sur moi, me saisit au cou comme s'il eût voulu m'étrangler, et me dit à voix basse... d'un ton à la fois furieux et effrayé :
— « Tu espionnais, tu écoutais à la porte! qu'as-tu entendu?... Réponds! réponds! ou je t'étouffe. » — Mais, changeant d'idée, sans me donner le temps de dire un mot, il me fit reculer dans la salle à manger : l'office était ouverte, il m'y jeta brutalement et la referma.

— Et vous n'aviez rien entendu de sa conversation?

—Rien, monsieur; si je l'avais su dans sa chambre avec quelqu'un, je me serais bien gardée d'entrer dans le cabinet; il le défendait même à madame Séraphin.

—Et lorsque vous êtes sortie de l'office, que vous a-t-il dit?

—C'est la femme de charge qui est venue me délivrer, et je n'ai pas revu M. Ferrand ce soir-là. Le saisissement, l'effroi que j'avais eus me rendirent très-souffrante. Le lendemain, au moment où je descendais, je rencontrai M. Ferrand; je frissonnai en songeant à ses menaces de la veille : quelle fut ma surprise! il me dit presque avec calme : — « Tu sais pourtant que je défends d'entrer dans mon cabinet quand j'ai quelqu'un dans ma chambre; mais pour le peu de temps que tu as à rester ici, il est inutile que je te gronde davantage; » et il se rendit à son étude.

Cette modération m'étonna après ses violences de la veille. Je continuai mon service, selon mon habitude, et j'allai mettre en ordre sa chambre à coucher...J'avais beaucoup souffert toute la nuit: je me trouvais faible, abattue. En rangeant quelques habits dans un cabinet très-obscur situé près de l'alcôve, je fus tout à coup prise d'un étourdissement douloureux; je sentis que je perdais connaissance... En tombant, je voulus machinalement me retenir en saisissant un manteau suspendu à la cloison, et dans ma chute j'entraînai ce vêtement, dont je fus presque entièrement couverte.

Quand je revins à moi, la porte vitrée de ce cabinet d'alcôve était fermée... j'entendis la voix de M. Ferrand... Il parlait très-haut... Me souvenant de la scène de la veille, je me crus morte si je faisais un mouvement; je supposai que, cachée sous le manteau qui était tombé sur moi, mon maître, en fermant la porte de ce vestiaire obscur, ne m'avait pas aperçue. S'il me découvrait, comment lui faire croire à ce hasard presque inexplicable? Je retins donc ma respiration, et malgré moi j'entendis la fin de cet entretien sans doute commencé depuis quelque temps.

CHAPITRE XVII.

L'ENTRETIEN.

— Et quelle était la personne qui, enfermée dans la chambre du notaire, causait avec lui? — demanda Rodolphe à Louise.

— Je l'ignore, monsieur; je ne connaissais pas cette voix.

— Et que disaient-ils?

— La conversation durait depuis quelque temps sans doute, car voici seulement ce que j'entendis : — « Rien de plus simple — disait cette voix inconnue; — un drôle, nommé *Bras-Rouge*, contrebandier déterminé, m'a mis, pour l'affaire dont je vous parlais tout à l'heure, en rapport avec une famille de *pirates d'eau douce* (1) établie à la pointe d'une

(1) On verra plus tard les mœurs singulières de ces pirates parisiens.

petite île près d'Asnières ; ce sont les plus grands bandits de la terre : le père et le grand-père ont été guillotinés, deux des fils sont aux galères à perpétuité ; mais il reste la mère, trois garçons et deux filles, tous aussi scélérats les uns que les autres. On dit que, la nuit, pour voler sur les deux rives de la Seine, ils font quelquefois des descentes en bateau jusqu'à Bercy. Ce sont des gens à tuer le premier venu pour un écu ; mais nous n'avons pas besoin d'eux, il suffit qu'ils donnent l'hospitalité à votre dame de province. Les Martial (c'est le nom de mes pirates) passeront à ses yeux pour une honnête famille de pêcheurs ; j'irai de votre part faire deux ou trois visites à votre jeune dame ; je lui ordonnerai certaines potions... et au bout de huit jours elle fera connaissance avec le cimetière d'Asnières. Dans les villages, les décès passent comme une lettre à la poste, tandis qu'à Paris on y regarde de trop près. Mais quand enverrez-vous votre provinciale à l'île d'Asnières, afin que j'aie le temps de prévenir les Martial du rôle qu'ils ont à jouer ? — Elle arrivera demain ici, après-demain elle sera chez eux.

— reprit M. Ferrand — et je la préviendrai que le docteur Vincent ira lui donner ses soins de ma part. — Va pour le nom de Vincent — dit la voix; — j'aime autant celui-là qu'un autre... »

— Quel est ce nouveau mystère de crime et d'infamie? — dit Rodolphe de plus en plus surpris.

— Nouveau? non, monsieur; vous allez voir qu'il se rattachait à un autre crime que vous connaissez — reprit Louise, et elle continua : — J'entendis le mouvement des chaises, l'entretien était terminé. — « Je ne vous demande pas le secret — dit M. Ferrand ; — vous me tenez comme je vous tiens. — Ce qui fait que nous pouvons nous servir et jamais ne nous nuire — répondit la voix. — Voyez mon zèle! j'ai reçu votre lettre hier à dix heures du soir, ce matin je suis chez vous. Au revoir, complice, n'oubliez pas l'île d'*Asnières*, le pêcheur *Martial* et le docteur *Vincent*. Grâce à ces trois mots magiques, votre provinciale n'en a pas pour huit jours. — Attendez — dit M. Ferrand — que j'aille tirer le verrou de précaution que j'avais mis à mon cabinet et que je voie s'il n'y a personne dans l'antichambre pour que vous puissiez sortir par la ruelle du jardin comme vous y êtes entré... » — M. Ferrand sortit un moment, puis il revint, et je l'entendis enfin s'éloigner avec la personne dont j'avais entendu la voix...

Vous devez comprendre ma terreur, monsieur, pendant cet entretien, et mon désespoir d'avoir malgré moi surpris un tel secret. Deux heures après cette conversation, madame Séraphin vint me chercher dans ma chambre où j'étais montée, toute tremblante et plus malade que je ne l'avais été jusqu'alors. — « Monsieur vous demande — me dit-elle ; — vous avez plus de bonheur que vous n'en méritez ; allons, descendez. Vous êtes bien pâle, ce qu'il va vous apprendre vous donnera des couleurs. »

Je suivis madame Séraphin ; M. Ferrand était dans son cabinet. En le voyant, je frissonnai malgré moi ; pourtant il avait l'air moins méchant que d'habitude ; il me regarda long-temps fixement, comme s'il eût voulu lire au fond de ma pensée. Je baissai les yeux. — « Vous paraissez très-souffrante ?

— me dit-il. — Oui, monsieur — lui répondis-je, très-étonnée de ce qu'il ne me tutoyait pas comme d'habitude. — C'est tout simple — ajouta-t-il — c'est la suite de votre état et des efforts que vous avez faits pour le dissimuler; mais, malgré vos mensonges, votre mauvaise conduite et votre indiscrétion d'hier — reprit-il d'un ton plus doux — j'ai pitié de vous; dans quelques jours il vous serait impossible de cacher votre grossesse. Quoique je vous aie traitée comme vous le méritez devant le curé de la paroisse, un tel événement aux yeux du public serait la honte d'une maison comme la mienne; de plus, votre famille serait au désespoir... Je consens, dans cette circonstance, à venir à votre secours. — Ah! monsieur — m'écriai-je — ces mots de bonté de votre part me font tout oublier. — Oublier quoi? — me demanda-t-il durement. — Rien, rien... pardon, monsieur — repris-je, de crainte de l'irriter et le croyant dans de meilleures dispositions à mon égard. — Écoutez-moi donc — reprit-il; — vous irez voir votre père aujourd'hui; vous lui annoncerez que je vous envoie deux ou trois mois à la campagne pour garder une maison que je viens d'acheter ; pendant votre absence, je lui ferai parvenir vos gages. Demain vous quitterez Paris ; je vous donnerai une lettre de recommandation pour madame *Martial*, mère d'une honnête famille de pêcheurs qui demeure près d'Asnières. Vous aurez soin de dire que vous venez de province, sans vous expliquer davantage. Vous saurez plus tard le but de cette recommandation, toute dans votre intérêt. La mère Martial vous traitera comme son enfant ; un médecin de mes amis, le docteur *Vincent*, ira vous donner les soins que nécessite votre position... Vous voyez combien je suis bon pour vous ! »

— Quelle horrible trame ! — s'écria Rodolphe. — Je comprends tout maintenant. Croyant que la veille vous aviez surpris un secret sans doute terrible pour lui, il voulait se défaire de vous. Il avait probablement un intérêt à tromper son complice en vous désignant à lui comme une femme de province. Quelle dut être votre frayeur à cette proposition !

— Cela me porta un coup violent ; j'en fus bouleversée. Je ne pouvais repondre ; je regardais M. Ferrand avec effroi; ma tête s'égarait. J'allais peut-être risquer ma vie en lui disant que le matin j'avais entendu ses projets, lorsque heureusement je me rappelai les nouveaux dangers auxquels cet aveu m'exposerait. — « Vous ne me comprenez donc pas? — me demanda-t-il avec impatience. — Si... monsieur... Mais — lui dis-je en tremblant — je préférerais ne pas aller à la campagne. — Pourquoi cela? Vous serez parfaitement traitée là où je vous envoie. — Non! non! je n'irai pas; j'aime mieux rester à Paris, ne pas m'éloigner de ma famille; j'aime mieux tout lui avouer, mourir de honte s'il le faut. — Tu me refuses? — dit M. Ferrand, contenant encore sa colère et me regardant avec attention. — Pourquoi as-tu si brusquement changé d'avis? Tu acceptais tout à l'heure... — Je vis que, s'il me devinait, j'étais perdue; je lui répondis que je ne croyais pas qu'il fût question de quitter Paris, ma famille. — Mais tu la déshonores, ta famille, misérable! — s'écria-t-il; — et, ne se possédant plus, il me saisit par le bras et me poussa si violemment qu'il me fit tomber. — Je te donne jusqu'après demain! — s'écria-t-il ; — demain tu sortiras d'ici pour aller chez les Martial ou pour aller apprendre à ton père que je t'ai chassée, et qu'il ira le jour même en prison...

Je restai seule, étendue par terre; je n'avais pas la force de me relever. Madame Séraphin était accourue en entendant son maître élever la voix; avec son aide, et faiblissant à chaque pas, je pus regagner ma chambre. En rentrant je me jetai sur mon lit; j'y restai jusqu'à la nuit; tant de secousses m'avaient porté un coup terrible! Aux douleurs atroces qui me surprirent vers une heure du matin, je sentis que j'allais mettre au monde ce malheureux enfant bien avant terme.

— Pourquoi n'avez-vous pas appelé à votre secours?

— Oh! je n'ai pas osé. M. Ferrand voulait se défaire de moi; il aurait, bien sûr, envoyé chercher le docteur Vincent, qui m'aurait tuée chez mon maître au lieu de me tuer chez les Martial... ou bien M. Ferrand m'aurait étouffée pour dire ensuite que j'étais morte en couches. Hélas! monsieur, ces terreurs étaient peut-être folles... mais dans ce moment elles m'ont assaillie, c'est ce qui a causé mon malheur ; sans cela j'aurais bravé la honte, et je ne serais pas accusée d'avoir tué mon enfant. Au lieu d'appeler du secours, et de peur qu'on n'entendît mes cris de douleur, je les étouffai en mordant mes draps. Enfin, après des souffrances horribles... seule au milieu de l'obscurité, je donnai le jour à cette malheureuse créature dont la mort fut sans doute causée par cette délivrance prématurée... car je ne l'ai pas tuée, mon Dieu... je ne l'ai pas tuée... oh non ! Au milieu de cette nuit j'ai eu un moment de joie amère, c'est quand j'ai pressé mon enfant dans mes bras...

Et la voix de Louise s'éteignit dans les sanglots.

Morel avait écouté le récit de sa fille avec une apathie, une indifférence morne qui effrayèrent Rodolphe.

Pourtant, la voyant fondre en larmes, le lapidaire, qui, toujours accoudé sur son établi, tenait ses deux mains collées à ses tempes, regarda Louise fixement et dit :

— Elle pleure... elle pleure... pourquoi donc qu'elle pleure ? — Puis il reprit après un moment d'hésitation : — Ah! oui... je sais, je sais... le notaire... Continue, ma pauvre Louise... tu es ma fille... je t'aime toujours... tout à l'heure... je ne te reconnaissais plus... mes larmes étaient comme obscures. Oh! mon Dieu! mon Dieu, ma tête... elle me fait bien mal...

— Vous voyez que je ne suis pas coupable, n'est-ce pas, mon père?

— Oui... oui...

— C'est un grand malheur... mais j'avais si peur du notaire!...

— Le notaire?... oh! je te crois... il est si méchant, si méchant!...

— Vous me pardonnez, maintenant?
— Oui...
— Bien vrai?
— Oui... bien vrai... Oh! je t'aime toujours... va... quoique... je ne puisse... pas dire... vois-tu... parce que... Oh! ma tête... ma tête...

Louise regarda Rodolphe avec frayeur.
— Il souffre, laissez-le un peu se calmer. Continuez.

Louise reprit, après avoir deux ou trois fois regardé Morel avec inquiétude :

— Je serrais mon enfant contre moi.. j'étais étonnée de ne pas l'entendre respirer ; mais je me disais : La respiration d'un si petit enfant... ça s'entend à peine... et puis aussi il me semblait bien froid... je ne pouvais me procurer de lumière, on ne m'en laissait jamais... J'attendis qu'il fît clair, tâchant de le réchauffer comme je le pouvais ; mais il me semblait de plus en plus glacé. Je me disais encore : Il gèle si fort, que c'est le froid qui l'engourdit ainsi.

Au point du jour, j'approchai mon enfant de ma fenêtre... je le regardai... il était roide... glacé... Je collai ma bouche à sa bouche pour sentir son souffle... je mis ma main sur son cœur... il ne battait pas... il était mort !...

Et Louise fondit en larmes.

— Oh! dans ce moment — reprit-elle — il se passa en moi quelque chose d'impossible à rendre. Je ne me souviens plus du reste que confusément, comme d'un rêve ; c'était à la fois du désespoir, de la terreur, de la rage, et, par-dessus tout, j'étais saisie d'une autre épouvante; je ne redoutais plus que M. Ferrand m'étouffât ; mais je craignais que si l'on trouvait mon enfant mort à côté de moi on ne m'accusât de l'avoir tué : alors je n'eus plus qu'une seule pensée, celle de cacher son corps à tous les yeux; comme cela, mon déshonneur ne serait pas connu, je n'aurais plus à redouter la colère de mon père, j'échapperais à la vengeance de M. Ferrand, puisque je pourrais, étant ainsi délivrée, quitter sa maison, me placer ailleurs et continuer de gagner de quoi soutenir ma famille...

Hélas, monsieur, telles sont les raisons qui m'ont engagée à ne rien avouer, à soustraire le corps de mon enfant à tous les yeux. J'ai eu tort, sans doute; mais dans la position où j'étais, accablée de tous côtés, brisée par la souffrance, presqu'en délire, je n'ai pas réfléchi à quoi je m'exposais si j'étais découverte...

— Quelles tortures!... quelles tortures! — dit Rodolphe avec accablement.

— Le jour grandissait — reprit Louise — je n'avais plus que quelques moments avant qu'on fût éveillé dans la maison..... Je n'hésitai plus; j'enveloppai mon enfant du mieux que je pus; je descendis bien doucement; j'allai au fond du jardin afin de faire un trou dans la terre pour l'ensevelir, mais il avait gelé toute la nuit, la terre était trop dure. Alors je cachai le corps au fond d'une espèce de caveau où l'on n'entrait jamais pendant l'hiver; je le recouvris d'une caisse à fleurs vide, et je rentrai dans ma chambre sans que personne m'eût vue sortir.

De tout ce que je vous dis, monsieur, il ne me reste qu'une idée confuse. Faible comme j'étais, je suis encore à m'expliquer comment j'ai eu le courage et la force de faire tout cela. A neuf heures, madame Séraphin vint savoir pourquoi je n'étais pas encore levée; je lui dis que j'étais si malade, que je la suppliais de me laisser couchée pendant la journée; le lendemain je quitterais la maison, puisque M. Ferrand me renvoyait. Au bout d'une heure, il vint lui-même.— « Vous êtes plus souffrante: voilà les suites de votre entêtement, me dit-il; si vous aviez profité de mes bontés, aujourd'hui vous auriez été établie chez de braves gens qui auraient de vous tous les soins possibles ; du reste, je ne serai pas assez inhumain pour vous laisser sans secours dans l'état où vous êtes ; ce soir le docteur Vincent viendra vous voir. »

A cette menace je frissonnai de peur. Je répondis à M. Ferrand que la veille j'avais eu tort de refuser ses offres, que je les acceptais ; mais qu'étant encore trop souffrante pour partir, je me rendrais seulement le surlendemain chez les Martial, et qu'il était inutile de demander le docteur Vincent. Je ne voulais que gagner du temps ; j'étais bien décidée à quitter la maison et aller le surlendemain chez mon père : j'espérais qu'ainsi il ignorerait tout. Rassuré par ma promesse, M. Ferrand fut presque affectueux pour moi, et me recommanda, pour la première fois de sa vie, aux soins de madame Séraphin.

Je passai la journée dans des transes mortelles, tremblant à chaque minute que le hasard ne fît découvrir le corps de mon enfant. Je ne désirais qu'une chose, c'était que le froid cessât, afin que, la terre n'étant plus aussi dure, il me fût possible de la creuser... Il tomba de la neige... cela me donna de l'espoir... Je restai tout le jour couchée.

La nuit venue, j'attendis que tout le monde fût endormi; j'eus la force de me lever, d'aller au bûcher chercher une hachette à fendre du bois, pour faire un trou dans la terre couverte de neige... Après des peines infinies, j'y réussis... Alors je pris le corps, je pleurai encore bien sur lui, et je l'ensevelis comme je pus dans la petite caisse à fleurs... Je ne savais pas la prière des morts, je dis un *Pater* et un *Ave*, priant le bon Dieu de le recevoir dans son paradis... Je crus que le courage me manquerait lorsqu'il fallut couvrir de terre l'espèce de bière que je lui avais faite... Une mère... enterrer son enfant!... Enfin j'y parvins... Oh! que cela m'a coûté, mon Dieu! Je remis de la neige par-dessus la terre, pour qu'on ne s'aperçût de rien... La lune m'avait éclairée. Quand tout fut fini, je ne pouvais me résoudre à m'en aller... Pauvre petit! dans la terre glacée... sous la neige... Quoiqu'il fût mort... il me semblait qu'il devait ressentir le froid... Enfin, je revins dans ma chambre... je me couchai avec une fièvre violente. Au matin, M. Ferrand envoya savoir comment je me trouvais; je répondis que je me sentais un peu mieux, et que je serais bien sûr en état de partir le lendemain pour la campagne. Je restai encore cette journée couchée, afin de reprendre un peu de force... Sur le soir, je me levai; je descendis à la cuisine pour me chauffer; j'y restai tard, toute seule. J'allai au jardin dire une dernière prière.

Au moment où je remontais dans ma chambre, je rencontrai M. Germain sur le palier du cabinet où il travaillait quelquefois; il était très-pâle... Il me dit bien vite, en me mettant un rouleau dans la main : — « On doit arrêter votre père demain de grand matin pour une lettre de change de treize cents francs; il est hors d'état de la payer... voilà l'argent... dès qu'il fera jour, courez chez lui... D'aujourd'hui seulement je connais M. Ferrand... c'est un méchant homme... je le démasquerai... Surtout ne dites pas que vous tenez cet argent de moi... » — Et M. Germain ne me laissa pas le temps de le remercier; il descendit en courant.

CHAPITRE XVIII.

LA FOLIE.

— Ce matin — reprit Louise — avant que personne fût levé chez M. Ferrand, je suis venue ici avec l'argent que m'avait donné M. Germain pour sauver mon père; mais la somme ne suffisait pas, et sans votre générosité je n'aurais pu le délivrer des mains des recors... Probablement, après mon départ de chez M. Ferrand, on sera monté dans ma chambre... et on aura trouvé des traces qui auront mis sur la voie de cette funeste découverte... Un dernier service, monsieur — dit Louise en tirant le rouleau d'or de sa poche : — voudrez-vous faire remettre cet argent à M. Germain?... Je lui avais promis de ne dire à personne qu'il était employé chez M. Ferrand; mais puisque vous le saviez, je n'ai pas été indiscrète... Maintenant, monsieur, je vous le répète... devant Dieu qui m'entend, je n'ai pas dit un mot qui ne fût vrai... Je n'ai pas cherché à affaiblir mes torts, et...

Mais, s'interrompant brusquement, Louise effrayée s'écria :

— Monsieur! regardez mon père... regardez... qu'est-ce qu'il a donc?

Morel avait écouté la dernière partie de ce récit avec une sombre indifférence que Rodolphe s'était expliquée, l'attribuant à l'accablement de ce malheureux... Après des secousses si violentes, si rapprochées, ses larmes avaient dû se tarir, sa sensibilité s'émousser; il ne devait même plus lui rester la force de s'indigner, pensait Rodolphe.

Rodolphe se trompait.

Ainsi que la flamme tour à tour mourante et renaissante d'un flambeau qui s'éteint, la raison de Morel, déjà fortement ébranlée, vacilla quelque temps, jeta çà et là quelques dernières lueurs d'intelligence, puis tout à coup... s'obscurcit.

Absolument étranger à ce qui se disait, à ce qui se passait autour de lui, depuis quelques instants le lapidaire était devenu fou.

Quoique sa meule fût placée de l'autre côté de son établi, et qu'il n'eût entre les mains ni pierreries ni outils, l'artisan attentif, occupé, simulait les opérations de son travail habituel à l'aide d'instruments imaginaires.

Il accompagnait cette pantomime d'une sorte de frôlement de sa langue contre son palais, afin d'imiter le bruit de la meule dans ses mouvements de rotation.

— Mais, monsieur — reprit Louise avec une frayeur croissante — regardez donc mon père !

— Puis, s'approchant de l'artisan, elle lui dit :

— Mon père !.. mon père !..

Morel regarda sa fille de ce regard troublé, vague, distrait, indécis, particulier aux aliénés...

Sans discontinuer sa manœuvre insensée, il répondit tout bas d'une voix douce et triste :

— Je dois treize cents francs au notaire... le prix du sang de Louise... Il faut travailler,

travailler, travailler! Oh! je paierai, je paierai, je paierai...

— Mon Dieu, monsieur, mais ce n'est pas possible... cela ne peut pas durer!... il n'est pas tout à fait fou, n'est-ce pas? — s'écria Louise d'une voix déchirante. — Il va revenir à lui,.. ce n'est qu'un moment d'absence!..

— Morel!.. mon ami! — lui dit Rodolphe — nous sommes là... Votre fille est auprès de vous, elle est innocente...

— Treize cents francs...

Dit le lapidaire sans regarder Rodolphe, et il continua son simulacre de travail.

— Mon père... — dit Louise en se jetant à ses genoux et serrant malgré lui ses mains dans les siennes — c'est moi, Louise!

— Treize cents francs...

Répéta-t-il en se dégageant avec effort des étreintes de sa fille.

— Treize cents francs... ou sinon — ajouta-t-il à voix basse et comme en confidence — ou sinon... Louise est guillotinée...

Et il se remit à feindre de tourner sa meule.

Louise poussa un cri terrible.

— Il est fou! — s'écria-t-elle — il est fou!..

et c'est moi... c'est moi qui en suis cause... Oh! mon Dieu! mon Dieu! ce n'est pas ma faute pourtant... je ne voulais pas mal faire... c'est ce monstre!..

— Allons, pauvre enfant, du courage! — dit Rodolphe — espérons... cette folie ne sera que momentanée. Votre père... a trop souffert; tant de chagrins précipités étaient au-dessus de la force d'un homme... Sa raison faiblit un moment... elle reprendra le dessus.

— Mais ma mère... ma grand'mère... mes sœurs... mes frères... que vont-ils devenir? — s'écria Louise — les voilà privés de mon père et de moi... Ils vont donc mourir de faim, de misère et de désespoir!

— Ne suis-je pas là?... Soyez tranquille, ils ne manqueront de rien. Courage! vous dis-je; votre révélation provoquera la punition d'un grand criminel. Vous m'avez convaincu de votre innocence, elle sera reconnue, proclamée, je n'en doute pas.

— Ah! monsieur, vous le voyez... le déshonneur, la folie, la mort... Voilà les maux qu'il cause, cet homme! et on ne peut rien contre lui!... rien!... Ah! cette pensée complète tous mes maux!...

—Loin de là, que la pensée contraire vous aide à les supporter.

— Que voulez-vous dire, monsieur?

— Emportez avec vous la certitude que votre père, que vous et les vôtres vous serez vengés.

— Vengés!...

— Oui!... Et je vous jure, moi — répondit Rodolphe avec solennité — je vous jure que, ses crimes prouvés, cet homme expiera cruellement le déshonneur, la folie, la mort qu'il a causés. Si les lois sont impuissantes à l'atteindre, et si sa ruse et son adresse égalent ses forfaits, à sa ruse on opposera la ruse, à son adresse l'adresse, à ses forfaits des forfaits; mais qui seront aux siens ce que le supplice juste et vengeur, infligé au coupable par une main inexorable, est au meurtre lâche et caché.

— Ah! monsieur, que Dieu vous entende! Ce n'est plus moi que je voudrais venger, c'est mon père insensé... c'est mon enfant mort en naissant...

Puis tentant un dernier effort pour tirer Morel de sa folie, Louise s'écria encore :

— Mon père, adieu !... On m'emmène en prison... je ne te verrai plus ! C'est ta Louise qui te dit adieu... Mon père !.. mon père !.. mon père !..

A ces appels déchirants rien ne répondit.

Rien ne retentit dans cette pauvre âme anéantie... rien...

Les cordes paternelles, toujours les dernières brisées, ne vibrèrent pas...

. . . .

La porte de la mansarde s'ouvrit.

Le commissaire entra.

— Mes moments sont comptés, monsieur — dit-il à Rodolphe. — Je vous déclare à regret qu'il m'est impossible de laisser cet entretien se prolonger plus long-temps.

— Cet entretien est terminé, monsieur — répondit amèrement Rodolphe en montrant le lapidaire. — Louise n'a plus rien à dire à son père... il n'a plus rien à entendre de sa fille... il est fou...

— Grand Dieu !.. voilà ce que je redoutais!.. Ah! c'est affreux! — s'écria le magistrat.

Et, s'approchant vivement de l'ouvrier, au bout d'une minute d'examen il fut convaincu de cette douloureuse réalité.

— Ah! monsieur — dit-il tristement à Rodolphe — je faisais déjà des vœux sincères pour que l'innocence de cette jeune fille fût reconnue!.. Mais, après un tel malheur, je ne me bornerai pas à des vœux... non, non; je dirai cette famille si probe, si désolée; je dirai l'affreux et dernier coup qui l'accable, et, n'en doutez pas, les juges auront un motif de plus de trouver une innocente dans l'accusée...

— Bien, bien, monsieur — dit Rodolphe — en agissant ainsi, ce ne sont pas des fonctions que vous remplissez, c'est un sacerdoce que vous exercez...

— Croyez-moi, monsieur, notre mission est presque toujours si pénible, que c'est avec bonheur, avec reconnaissance que nous nous intéressons à ce qui est honnête et bon...

— Un mot encore, monsieur; les révélations de Louise Morel m'ont évidemment prouvé son innocence... Pouvez-vous m'apprendre comment son prétendu crime a été découvert ou plutôt dénoncé.

— Ce matin — dit le magistrat — une femme de charge au service de M. Ferrand, notaire, est venue me déclarer qu'après le départ précipité de Louise Morel, qu'elle savait grosse de sept mois, elle était montée dans la chambre de cette jeune fille, et qu'elle y avait trouvé des traces d'un accouchement clandestin; après quelques investigations, des pas marqués sur la neige avaient conduit à la découverte du corps d'un enfant nouveau-né enterré dans le jardin.

Après la déclaration de cette femme, je me suis transporté rue du Sentier; j'ai trouvé M. Jacques Ferrand indigné de ce qu'un tel scandale se fût passé chez lui. M. le curé de l'église Bonne-Nouvelle, qu'il avait envoyé chercher, m'a aussi déclaré que la fille Morel avait avoué sa faute devant lui, un jour qu'elle implorait à ce propos l'indulgence et la pitié de son maître; que de plus il avait souvent entendu M. Ferrand donner à Louise Morel les avertissements les plus sévères, lui prédisant que tôt ou tard elle se perdrait, prédiction qui venait de se réaliser si malheureusement — ajouta l'abbé. — L'indignation de M. Ferrand — reprit le magistrat — me parut si légitime, que je la partageai. Il me dit que sans doute Louise Morel était réfugiée chez son père. Je me rendis ici à l'instant; le crime étant flagrant, j'avais le droit de procéder à une arrestation immédiate.

Rodolphe se contraignit en entendant parler de l'*indignation* de M. Ferrand; il dit au magistrat :

— Je vous remercie mille fois, monsieur, de votre obligeance et de l'appui que vous voudrez bien prêter à Louise; je vais faire conduire ce malheureux dans une maison de fous, ainsi que la mère de sa femme...

Puis s'adressant à Louise qui, toujours agenouillée près de son père, tâchait en vain de le rappeler à la raison :

— Résignez-vous, mon enfant, à partir sans embrasser votre mère... épargnez-lui des adieux déchirants... Soyez rassurée sur son sort, rien ne manquera désormais à votre famille; on trouvera une femme qui soignera votre mère et s'occupera de vos frères et sœurs sous la surveillance de votre bonne voisine mademoiselle Rigolette. Quant à votre père, rien ne sera épargné pour que sa guérison soit aussi rapide que complète... Courage, croyez-moi, les honnêtes gens sont souvent rudement éprouvés par le malheur, mais ils sortent toujours de ces luttes plus purs, plus forts, plus vénérés...

. . . .

Deux heures après l'arrestation de Louise, le lapidaire et la vieille idiote furent, d'après les ordres de Rodolphe, conduits par David à Charenton; ils devaient y être traités en chambre et recevoir des soins particuliers.

Morel quitta la maison de la rue du Temple sans résistance : indifférent, il alla où on le mena; sa folie était douce, inoffensive et triste.

La grand'mère avait faim; on lui montra de la viande et du pain, elle suivit ce pain et cette viande.

Les pierreries du lapidaire, confiées à sa

femme, furent le même jour remises à madame Mathieu, la courtière, qui vint les chercher.

Malheureusement cette femme fut épiée et suivie par Tortillard, qui connaissait la valeur des pierres prétendues fausses, par l'entretien qu'il avait surpris lors de l'arrestation de Morel par les recors... Le fils de Bras-Rouge s'assura que la courtière demeurait boulevard Saint-Denis, n° 11.

Rigolette apprit à Madeleine Morel avec beaucoup de ménagements l'accès de folie du lapidaire, et l'emprisonnement de Louise. D'abord Madeleine pleura beaucoup, se désola... poussa des cris désespérés; puis, cette première effervescence de douleur passée, la pauvre créature, faible et mobile, se consola peu à peu en se voyant, elle et ses enfants, entourés du bien-être qu'ils devaient à la générosité de leur bienfaiteur.

Quant à Rodolphe, ses pensées étaient amères en songeant aux révélations de Louise.

« Rien de plus fréquent, se disait-il, que cette corruption plus ou moins violemment imposée par le maître à la servante : ici par la terreur ou par la surprise; là par l'impérieuse nature des relations que crée la servitude.

» Cette dépravation par ordre, descendant du riche au pauvre, et méprisant, pour s'assouvir, l'inviolabilité tutélaire du foyer domestique; cette dépravation, toujours déplorable quand elle est acceptée volontairement, devient hideuse, horrible, lorsqu'elle est forcée.

» C'est un asservissement impur et brutal, un ignoble et barbare esclavage de la créature, qui, dans son effroi, répond aux désirs du maître par des larmes, à ses baisers par le frisson du dégoût et de la peur.

» Et puis — pensait encore Rodolphe — pour la femme quelles conséquences! presque toujours l'avilissement, la misère, la prostitution, le vol, quelquefois l'infanticide!

» Et c'est encore à ce sujet que les lois sont étranges.

» Tout complice d'un crime porte la peine de ce crime.

» Tout recéleur est assimilé au voleur.

» Cela est juste.

» Mais qu'un homme, par désœuvrement,

séduise une jeune fille innocente et pure, la rende mère, l'abandonne, ne lui laisse que honte, infortune, désespoir, et la pousse ainsi à l'infanticide, crime qu'elle doit payer de sa tête...

» Cet homme sera-t-il regardé comme son complice?

» Allons donc !

» Qu'est-ce que cela? Rien, moins que rien, une amourette, un caprice d'un jour pour un minois chiffonné... le tour est fait... A une autre !

» Bien plus, pour peu que cet homme soit d'un caractère original et narquois (au demeurant le meilleur fils du monde), il peut aller voir sa victime à la barre des assises.

» S'il est d'aventure cité comme témoin, il peut s'amuser à dire à ces gens très-curieux de faire guillotiner la jeune fille le plus tôt possible, pour la plus grande gloire de la morale publique :

» — J'ai quelque chose d'important à révéler à la justice.

» — Parlez.

» — Messieurs les jurés :

— Cette malheureuse était vertueuse et pure, c'est vrai...

» — Je l'ai séduite, c'est encore vrai...

» — Je lui ai fait un enfant, c'est toujours vrai...

» — Après quoi, comme elle était blonde, je l'ai complétement abandonnée pour une autre qui était brune, c'est de plus en plus vrai.

» — Mais en cela j'ai usé d'un droit imprescriptible, d'un droit sacré que la société me reconnaît et m'accorde...

» — Le fait est que ce garçon est complétement dans son droit — se diront tout bas les jurés les uns aux autres. — Il n'y a pas de loi qui défende de faire un enfant à une jeune fille blonde et de l'abandonner ensuite pour une jeune fille brune. C'est tout bonnement un gaillard...

» — Maintenant, messieurs les jurés, cette malheureuse prétend avoir tué son enfant... je dirai même notre enfant :

» — Parce que je l'ai abandonnée...

» — Parce que se trouvant seule, et dans la plus profonde misère, elle s'est épouvantée, elle a perdu la tête. Et pourquoi? Parce qu'ayant, disait-elle, à soigner, à nourrir son enfant, il lui devenait impossible d'aller de longtemps travailler dans son atelier, et de gagner ainsi sa vie et celle du résultat de notre amour.

» — Mais je trouve ces raisons-là pitoyables, permettez-moi de vous le dire, messieurs les jurés.

» — Est-ce que mademoiselle ne pouvait pas aller accoucher à la Bourbe... s'il y avait de la place?

» — Est-ce que mademoiselle ne pouvait pas, au moment critique, se rendre à temps chez le commissaire de son quartier, lui faire sa déclaration de... honte, afin d'être autorisée à déposer son enfant aux Enfants-Trouvés?

» — Est-ce qu'enfin mademoiselle, pendant que je faisais la poule à l'estaminet, en attendant mon autre maîtresse, ne pouvait pas trouver moyen de se tirer d'affaire par un procédé moins sauvage?

» — Car, je l'avouerai, messieurs les jurés, je trouve trop commode et trop cavalière cette façon de se débarrasser du fruit de plusieurs moments d'erreur et de plaisir, et d'échapper ainsi aux soucis de l'avenir.

» — Que diable! ce n'est pas tout pour une jeune fille que de perdre l'honneur, de braver le mépris, l'infamie, et de porter un enfant illégitime neuf mois dans son sein... il lui faut encore l'élever, cet enfant! le soigner, le nourrir, lui donner un état, en faire enfin un honnête homme comme son père, ou une honnête fille qui ne se débauche pas comme sa mère... Car enfin la maternité a des devoirs sacrés, que diable! Et les misérables qui les foulent aux pieds, ces devoirs sacrés, sont des mères dénaturées qui méritent un châtiment exemplaire et terrible...

» — En foi de quoi, messieurs les jurés, livrez-moi lestement cette scélérate au bourreau, et vous ferez acte de citoyens vertueux, indépendants, fermes et éclairés. — *Dixi!* »

« Ce monsieur envisage la question sous un point de vue très-moral — dira d'un air paterne quelque bonnetier enrichi ou quelque vieil usurier déguisé en chef de jury — il a fait, pardieu! ce que nous aurions tous fait à sa place, car elle est fort gentille, cette petite blondinette, quoiqu'un peu pâlotte... — Ce gaillard-là — comme dit Joconde — *a courtisé la brune et la blonde* — il n'y a pas de loi qui le défende; quant à cette malheureuse, après tout, c'est sa faute! Pourquoi ne s'est-elle pas défendue? Elle n'aurait pas eu à commettre un crime... un... crime monstrueux qui fait... qui fait... rougir la société... jusque dans ses fondements.

» — Et ce bonnetier enrichi ou cet usurier aura raison, parfaitement raison.

» En vertu de quoi ce monsieur peut-il être incriminé? de quelle complicité directe ou indirecte, morale ou matérielle, peut-on l'accuser?

» Cet heureux coquin a séduit une jolie fille, ensuite il l'a plantée là, il l'avoue; où est la loi qui défend ceci et cela?

» La société en cas pareil ne dit-elle pas comme ce père de je ne sais plus quel conte grivois :

» — *Prenez garde à vos poules... mon coq est lâché, je m'en lave les mains!*

» Mais qu'un pauvre misérable, autant par besoin que par stupidité, contrainte, ou ignorance des lois qu'il ne sait pas lire, achète sciemment une guenille provenant d'un vol... il ira vingt ans aux galères comme recéleur, si le voleur va vingt ans aux galères.

» Ceci est un raisonnement logique, puissant.

» Sans recéleurs il n'y aurait pas de voleurs.

» Sans voleurs pas de recéleurs.

» Non... pas plus de pitié... moins de pitié, même... pour celui qui excite au mal que pour celui qui fait le mal...

» Que la plus légère complicité soit donc punie d'un châtiment terrible...

» Bien... il y a là une pensée sévère et féconde, haute et morale.

» On va s'incliner devant la société qui a dicté cette loi... mais on se souvient que cette société, si inexorable envers les moindres complicités de crime *contre les choses*, est ainsi faite, qu'un homme simple et naïf qui essayerait de prouver qu'il y a au moins solidarité morale, complicité matérielle entre le séducteur inconstant et la fille séduite et abandonnée, passerait pour un visionnaire.

» Et si cet homme simple se hasardait d'avancer que sans père... il n'y aurait peut-être pas d'enfant, la société crierait à l'atrocité, à la folie.

» Et elle aurait raison, toujours raison; car, après-tout, ce monsieur, qui pourrait dire de si belles choses au jury, pour peu qu'il fût amateur d'émotions tragiques, pourrait aussi aller tranquillement voir couper le cou de sa maîtresse, exécutée pour crime d'infanticide, crime dont il est le complice, disons mieux... l'auteur... par son horrible abandon...

» Cette charmante protection, accordée à la partie masculine de la société pour certaines friponnes espiégleries relevant du petit dieu d'amour, ne montre-t-elle pas que le Français sacrifie encore aux Grâces, et qu'il est toujours le peuple le plus galant de l'univers? »

CHAPITRE XIX.

JACQUES FERRAND.

Au temps où se passaient les événements que nous racontons, à l'une des extrémités de la rue du Sentier s'étendait un long mur crevassé, chaperonné d'une couche de plâtre hérissée de morceaux de bouteilles : ce mur, bornant de ce côté le jardin de Jacques Ferrand le notaire, aboutissait à un corps de logis, bâti sur la rue et élevé seulement d'un étage surmonté de greniers.

Deux larges écussons de cuivre doré, insignes du notariat, flanquaient la porte cochère vermoulue, dont on ne distinguait plus la couleur primitive sous la boue qui la couvrait.

Cette porte conduisait à un passage couvert; à droite se trouvait la loge d'un vieux portier à moitié sourd, qui était au corps des tailleurs ce que M. Pipelet était au corps des bottiers; à gauche, une écurie servant de cellier, de buanderie, de bûcher et d'établissement à une naissante colonie de lapins, parqués dans la mangeoire par le portier, qui se distrayait des chagrins d'un récent veuvage en élevant de ces animaux domestiques.

A côté de la loge s'ouvrait la baie d'un escalier tortueux, étroit, obscur, conduisant à l'étude, ainsi que l'annonçait aux clients une main peinte en noir, dont l'index se dirigeait vers ces mots aussi peints en noir sur le mur :
— *L'étude est au premier.*

D'un côté d'une grande cour pavée, envahie par l'herbe, on voyait des remises inoccupées; de l'autre côté une grille de fer rouillé, qui fermait le jardin; au fond le pavillon, seulement habité par le notaire.

Un perron de huit ou dix marches de pierres disjointes, branlantes, moussues, verdâtres, usées par le temps, conduisait à ce pavillon carré, composé d'une cuisine et autres dépendances souterraines, d'un rez-de-chaussée, d'un premier et d'un comble où avait habité Louise.

Ce pavillon paraissait aussi dans un grand état de délabrement: de profondes lézardes sillonnaient les murs; les fenêtres et les persiennes, autrefois peintes en gris, étaient, avec les années, devenues presque noires; les six croisées du premier étage, donnant sur la cour, n'avaient pas de rideaux; une espèce de rouille grasse et opaque couvrait les vitres; au rez-de-chaussée on voyait à travers les carreaux, plus transparents, des rideaux de cotonnade jaune passée à rosaces rouges.

Du côté du jardin, le pavillon n'avait que quatre fenêtres; deux étaient murées.

Ce jardin, encombré de broussailles parasites, semblait abandonné; on n'y voyait pas une plate-bande, pas un arbuste; un bouquet d'ormes, cinq ou six gros arbres verts, quelques acacias et sureaux, un gazon clair et jaune, rongé par la mousse et par le soleil d'été; des allées de terre crayeuse, embarrassées de ronces; au fond une serre à demi souterraine; pour horizon, les grands murs nus et gris des maisons mitoyennes, percés çà et là de jours de souffrance, grillés comme des fenêtres de prison ; tel était le triste ensemble du jardin et de l'habitation du notaire.

A cette apparence, ou plutôt à cette réalité, M. Ferrand attachait une grande importance.

Aux yeux du vulgaire, l'insouciance du bien-être passe presque toujours pour du désintéressement; la malpropreté, pour de l'austérité.

Comparant le gros luxe financier de quelques notaires, ou les toilettes fabuleuses de mesdames leurs notairesses, à la sombre maison de M. Ferrand, si dédaigneux de l'élégance, de la recherche et de la somptuosité, les *cliens* éprouvaient une sorte de respect ou plutôt de confiance aveugle pour cet homme, qui, d'après sa nombreuse clientelle et la fortune qu'on lui supposait, aurait pu dire, comme maint confrère : — Mon *équipage* (cela se dit ainsi), mon *raout* (sic), ma *campagne* (sic), mon *jour* à l'Opéra (sic), etc., et qui, loin de là, vivait avec une sévère économie; aussi dépôts, placements, fidéicommis, toutes ces affaires enfin qui reposent sur l'intégrité la plus reconnue, sur la bonne foi la plus retentissante, affluaient-elles chez M. Ferrand.

En vivant de peu, ainsi qu'il vivait, le notaire cédait à son goût... il détestait le monde, le faste, les plaisirs chèrement achetés; en eût-il été autrement, il aurait sans hésitation sacrifié ses penchants les plus vifs à l'apparence qu'il lui importait de se donner.

Quelques mots sur le caractère de cet homme.

C'était un de ces fils de la grande famille des avares.

On montre presque toujours l'avare sous un jour ridicule ou grotesque; les plus méchants ne vont pas au delà de l'égoïsme ou de la dureté.

La plupart augmentent leur fortune en thésaurisant; quelques-uns, en bien petit nombre, s'aventurent à prêter au denier trente; à peine les plus déterminés osent-ils sonder du regard le gouffre de l'agiotage... mais il est presque inouï qu'un avare, pour acquérir de nouveaux biens, aille jusqu'au crime, jusqu'au meurtre.

Cela se conçoit.

L'avarice est surtout une passion négative, passive.

L'avare, dans ses combinaisons incessantes, songe bien plus à s'enrichir en ne dépensant pas, en rétrécissant de plus en plus autour de lui les limites du strict nécessaire, qu'il ne songe à s'enrichir aux dépens d'autrui : il est, avant tout, le martyr de la conservation.

Faible, timide, rusé, défiant, surtout prudent et circonspect, jamais offensif, indifférent aux maux du prochain, du moins l'avare ne causera pas ces maux ; il est, avant tout et surtout, l'homme de la certitude, du positif, ou plutôt il n'est l'avare que parce qu'il ne croit qu'au *fait*, qu'à l'or qu'il tient en caisse.

Les spéculations, les prêts les plus sûrs le tentent peu ; car si improbable qu'elle soit, ils offrent toujours une chance de perte, et il aime mieux encore sacrifier l'intérêt de son argent que d'exposer le capital.

Un homme aussi timoré, aussi contempteur des éventualités, aura donc rarement la sauvage énergie du scélérat qui risque le bagne ou sa tête pour s'approprier une fortune.

Risquer est un mot rayé du vocabulaire de l'avare.

C'est donc en ce sens que Jacques Ferrand était, disons-nous, une assez curieuse exception, une variété peut-être nouvelle de l'*espèce avare*.

Car Jacques Ferrand *risquait*, et beaucoup.

Il comptait sur sa finesse, elle était extrême; sur son hypocrisie, elle était profonde; sur son esprit, il était souple et fécond; sur son audace, elle était infernale pour assurer l'impunité de ses crimes, et ils étaient déjà nombreux.

Jacques Ferrand était une double exception.

Ordinairement aussi ces gens aventureux, énergiques, qui ne reculent devant aucun forfait pour se procurer de l'or, sont harcelés par des passions fougueuses, le jeu, le luxe, la table, la grande débauche.

Jacques Ferrand ne connaissait aucun de ces besoins violents, désordonnés; fourbe et patient comme un faussaire, cruel et déterminé comme un meurtrier, il était sobre et régulier comme Harpagon.

Une seule passion... ou plutôt un seul appetit, mais honteux, mais ignoble, mais presque féroce dans son animalité, l'exaltait souvent jusqu'à la frénésie...

C'était la luxure.

La luxure de la bête, la luxure du loup ou du tigre.

Lorsque ce ferment âcre et impur fouettait le sang de cet homme robuste, des chaleurs dévorantes lui montaient à la face, l'effervescence charnelle obstruait son intelligence ; alors, oubliant quelquefois sa prudence rusée, il devenait, nous l'avons dit, tigre ou loup : témoin ses premières violences envers Louise.

Le soporifique, l'audacieuse hypocrisie avec laquelle il avait nié son crime, étaient, si cela peut se dire, beaucoup plus *dans sa manière* que la force ouverte.

Désir grossier, ardeur brutale, dédain farouche, voilà les différentes phases de l'*amour* chez cet homme.

C'est dire, ainsi que l'a prouvé sa conduite avec Louise, que la prévenance, la bonté, la générosité, lui étaient absolument inconnues ; le prêt de treize cents francs fait à Morel à gros intérêts, était à la fois pour Ferrand un piége, un moyen d'oppression et une bonne affaire. Sûr de la probité du lapidaire, il savait être remboursé tôt ou tard ; cependant il fallut que la beauté de Louise eût produit sur lui une impression bien profonde pour qu'il se dessaisît d'une somme si avantageusement placée.

Sauf cette faiblesse, Jacques Ferrand n'aimait que l'or.

Il aimait l'or pour l'or.

Non pour les jouissances qu'il procurait, il était stoïque ;

Non pour les jouissances qu'il *pouvait* procurer, il n'était pas assez poète pour jouir spéculativement comme certains avares. Quant à ce qui lui appartenait, il aimait la possession pour la possession. Quant à ce qui appartenait aux autres, s'il s'agissait d'un riche dépôt, par exemple, loyalement remis à sa seule probité, il éprouvait à rendre ce dépôt le même déchirement, le même désespoir qu'éprouvait l'orfévre Cardillac à se séparer d'une parure dont son goût exquis avait fait un chef-d'œuvre d'art.

C'est que pour le notaire c'était aussi un *chef-d'œuvre d'art* que son éclatante réputation de probité... C'est qu'un dépôt était aussi pour lui un joyau, dont il ne pouvait se dessaisir qu'avec des regrets furieux.

Que de soins, que d'astuce, que de ruses, que d'habileté, que d'*art* en un mot, n'avait-il pas employés pour attirer cette somme dans son coffre, pour parfaire cette étincelante renommée d'intégrité où les plus précieuses marques de confiance venaient pour ainsi dire s'enchâsser, ainsi que les perles et les diamants dans l'or des diadèmes de Cardillac!

Plus le célèbre orfévre se perfectionnait, dit-on, plus il attachait de prix à ses parures, regardant toujours la dernière comme son chef-d'œuvre, et se désolant de l'abandonner.

Plus Jacques Ferrand se perfectionnait dans le crime, plus il tenait aux marques de confiance *sonnantes et trébuchantes* qu'on lui accordait... regardant toujours aussi sa dernière fourberie comme son chef-d'œuvre...

On verra par la suite de cette histoire à l'aide de quels moyens, vraiment prodigieux, de composition et de machination, il parvint à s'approprier impunément plusieurs sommes très-considérables.

Sa vie souterraine, mystérieuse, lui donnait les émotions incessantes, terribles, que le jeu donne au joueur.

Contre la fortune de tous, Jacques Ferrand mettait pour enjeu son hypocrisie, sa ruse, son audace, sa tête... et il jouait sur le velours, comme on dit; car, hormis l'atteinte de la justice humaine, qu'il caractérisait vulgairement et énergiquement d'une *cheminée qui pouvait lui tomber sur la tête*, perdre, pour lui c'était ne pas gagner; et encore était-il si criminellement doué, que, dans son ironie amère, il voyait un gain continu dans l'estime sans bornes, dans la confiance illimitée qu'il inspirait non-seulement à la foule de ses riches clients, mais encore à la petite bourgeoisie et aux ouvriers de son quartier.

Un grand nombre d'entre eux plaçaient de l'argent chez lui, disant : « Il n'est pas charitable, c'est vrai; il est dévot, c'est un malheur; mais il est plus sûr que le gouvernement et que les caisses d'épargnes. »

Malgré sa rare habileté, cet homme avait

commis deux de ces erreurs auxquelles les plus rusés criminels n'échappent presque jamais.

Forcé par les circonstances, il est vrai, il s'était adjoint deux complices; cette *faute* immense, ainsi qu'il disait, avait été réparée en partie : nul des deux complices ne pouvait le perdre sans se perdre lui-même, et tous deux n'auraient retiré de cette extrémité d'autre profit que celui de dénoncer à la vindicte publique eux-mêmes et le notaire.

Il était donc, de ce côté, assez tranquille.

Du reste, n'étant pas au bout de ses crimes, les inconvénients de la complicité étaient balancés par l'aide criminelle qu'il en tirait parfois encore.

Quelques mots maintenant du *physique* de M. Ferrand, et nous introduirons le lecteur dans l'étude du notaire, où nous retrouverons les principaux personnages de ce récit.

M. Ferrand avait cinquante ans, et il n'en paraissait pas quarante; il était de stature moyenne, voûté, large d'épaules, vigoureux, carré, trapu, roux, velu comme un ours.

Ses cheveux s'aplatissaient sur ses tempes, son front était chauve, ses sourcils à peine indiqués; son teint bilieux disparaissait presque sous une innombrable quantité de taches de rousseur; mais, lorsqu'une vive émotion l'agitait, ce masque fauve et terreux s'injectait de sang et devenait d'un rouge livide.

Sa figure était plate comme une *tête de mort*, ainsi que dit le vulgaire; son nez, camus et punais; ses lèvres, si minces, si imperceptibles, que sa bouche semblait incisée dans sa face; lorsqu'il souriait d'un air méchant et sinistre, on voyait le bout de ses dents, presque toutes noires et gâtées. Toujours rasé jusqu'aux tempes, ce visage blafard avait une expression à la fois austère et béate, impassible et rigide, froide et réfléchie; ses petits yeux noirs, vifs, perçants, mobiles, disparaissaient sous de larges lunettes vertes.

Jacques Ferrand avait une vue excellente; mais, abrité par ses lunettes, il pouvait, avantage immense! observer sans être observé; il savait combien un coup d'œil est souvent et involontairement significatif. Malgré son imperturbable audace, il avait rencontré deux ou trois fois dans sa vie certains regards puissants, magnétiques, devant lesquels il avait été forcé de baisser la vue; or, dans quelques circonstances souveraines, il est funeste de baisser les yeux devant l'homme qui vous interroge, vous accuse ou vous juge.

Les larges lunettes de M. Ferrand étaient donc une sorte de retranchement couvert d'où il examinait attentivement les moindres manœuvres de l'*ennemi*... car tout le monde était l'ennemi du notaire, parce que tout le monde était plus ou moins sa dupe, et que les accusateurs ne sont que des dupes éclairées ou révoltées.

Il affectait dans son habillement une négligence qui allait jusqu'à la malpropreté, ou plutôt il était naturellement sordide; son visage rasé tous les deux ou trois jours, son crâne sale et rugueux, ses ongles plats cerclés de noir, son odeur de bouc, ses vieilles redingotes râpées, ses chapeaux graisseux, ses cravates en corde, ses bas de laine noirs, ses gros souliers recommandaient encore singulièrement sa vertu auprès de ses clients en donnant à cet homme un air de détachement du monde, un parfum de philosophe pratique qui les charmait.

A quels goûts, à quelle passion, à quelle faiblesse le notaire aurait-il — disait-on — sacrifié la confiance qu'on lui témoignait?... Il gagnait peut-être soixante mille francs par an, et sa maison se composait d'une servante et d'une vieille femme de charge; son seul plaisir était d'aller chaque dimanche à la messe et à vêpres; il ne connaissait pas d'opéra comparable au chant grave de l'orgue, pas de société mondaine qui valût une soirée paisiblement passée au coin de son feu avec le curé de sa paroisse après un dîner frugal; il mettait enfin sa joie dans la probité, son orgueil dans l'honneur, sa félicité dans la religion.

Tel était le jugement que les contemporains de M. Jacques Ferrand portaient sur ce rare et grand homme de bien.

CHAPITRE XX.

L'ÉTUDE.

L'*étude* de M. Ferrand ressemblait à toutes les études, ses clercs à tous les clercs. On y arrivait par une antichambre meublée de quatre vieilles chaises. Dans l'étude proprement dite, entourée de casiers garnis des cartons renfermant les dossiers des clients de M. Ferrand, cinq jeunes gens, courbés sur des pupitres de bois noir, riaient, causaient, ou griffonnaient incessamment.

Une salle d'attente, encore remplie de cartons, et dans laquelle se tenait d'habitude M. le premier clerc; puis une autre pièce vide, qui, pour plus de secret séparait le cabinet du notaire de cette salle d'attente, tel était l'ensemble de ce *laboratoire* d'actes de toutes sortes,

Deux heures venaient de sonner à une antique pendule à coucou placée entre les deux fenêtres de l'étude; une certaine agitation régnait parmi les clercs; quelques fragments de leur conversation feront connaître la cause de cet émoi.

— Certainement, si quelqu'un m'avait soutenu que François Germain était un voleur —dit l'un des jeunes gens—j'aurais répondu : — Vous en avez menti!

— Moi aussi!..

— Moi aussi!..

— Moi, ça m'a fait un tel effet de le voir arrêter et emmener par la garde, que je n'ai pas pu déjeuner... J'en ai été récompensé, car ça m'a épargné de manger la ratatouille quotidienne de la mère Séraphin.

— Dix-sept mille francs, c'est une somme!

— Une fameuse somme!

— Dire que, depuis quinze mois que Germain est caissier, il n'avait pas manqué un centime à la caisse du patron!..

— Moi, je trouve que le patron a eu tort de faire arrêter Germain, puisque ce pauvre garçon jurait ses grands dieux qu'il n'avait pris que treize cents francs en or.

— D'autant plus qu'il les rapportait ce matin pour les remettre dans la caisse, ces treize cents francs, au moment où le patron venait d'envoyer chercher la garde...

— Voilà le désagrément des gens d'une probité féroce comme le patron, ils sont impitoyables.

— C'est égal, on doit y regarder à deux fois avant de perdre un pauvre jeune homme qui s'est bien conduit jusque-là.

— M. Ferrand dit à cela que c'est pour l'exemple.

— L'exemple de quoi? Ça ne sert à rien à ceux qui sont honnêtes, et ceux qui ne le sont pas savent bien qu'ils sont exposés à être découverts s'ils volent.

— La maison est tout de même une bonne pratique pour le commissaire.

— Comment?

— Dame! ce matin cette pauvre Louise... tantôt Germain...

— Moi, l'affaire de Germain ne me paraît pas claire...

— Puisqu'il a avoué!

— Il a avoué qu'il avait pris treize cents francs, oui; mais il soutient comme un enragé qu'il n'a pas pris les autres quinze mille francs en billets de banque et les autres sept cents francs qui manquent à la caisse.

— Au fait, puisqu'il avoue une chose, pourquoi n'avouerait-il pas l'autre?

— C'est vrai; on est aussi puni pour cinq cents francs que pour quinze mille francs.

— Oui; mais on garde les quinze mille, et, en sortant de prison, ça fait un petit établissement, dirait un coquin.

— Pas si bête!

— On aura beau dire et beau faire, il y a quelque chose là-dessous.

— Et Germain qui défendait toujours le patron quand nous l'appelions jésuite!

— C'est pourtant vrai. Pourquoi le patron n'aurait-il pas le droit d'aller à la messe? nous disait-il; vous avez bien le droit de n'y pas aller.

— Tiens, voilà Chalamel qui rentre de course; c'est lui qui va être étonné!

— De quoi, de quoi, mes braves? est-ce

qu'il y a quelque chose de nouveau sur cette pauvre Louise ?

— Tu le saurais, flâneur, si tu n'étais pas resté si long-temps en course.

— Tiens, vous croyez peut-être qu'il n'y a qu'un *pas de clerc* d'ici à la rue de Chaillot.

— Oh ! mauvais !... mauvais !...

— Eh bien ! ce fameux vicomte de Saint-Rémy ?

— Il n'est pas encore venu ?

— Non.

— Tiens, sa voiture était attelée, et il m'a fait dire par son valet de chambre qu'il allait venir tout de suite; mais il n'a pas l'air content, a dit le domestique... Ah ! messieurs, voilà un joli petit hôtel !... un crâne luxe... on dirait d'une de ces petites maisons des seigneurs d'autrefois... dont on parle dans Faublas. Oh ! Faublas... voilà mon héros, mon modèle ! — dit Chalamel en déposant son parapluie et en désarticulant ses socques.

— Je crois bien alors qu'il a des dettes et des contraintes par corps, ce vicomte.

— Une recommandation de trente-quatre mille francs que l'huissier a envoyée ici, puisque c'est à l'étude qu'on doit venir payer ; le créancier aime mieux ça, je ne sais pas pourquoi.

— Il faut bien qu'il puisse payer maintenant, ce beau vicomte, puisqu'il est revenu hier soir de la campagne, où il était caché depuis trois jours pour échapper aux gardes du commerce.

— Mais comment n'a-t-on pas déjà saisi chez lui ?

— Lui, pas bête ! la maison n'est pas à lui, son mobilier est au nom de son valet de chambre, qui est censé lui louer en garni, de même que ses chevaux et ses voitures sont au nom de son cocher, qui dit, lui, qu'il donne à loyer au vicomte des équipages magnifiques à tant par mois. Oh ! c'est un malin, allez, M. de Saint-Remy. Mais, qu'est-ce que vous disiez ? qu'il est arrivé encore du nouveau ici ?

— Figure-toi qu'il y a deux heures le patron entre ici comme un furieux : — « Germain n'est pas là »? nous crie-t-il. — Non, monsieur. — Eh bien le misérable m'a volé hier soir dix-sept mille francs, » — reprit le patron.

— Germain... voler... allons donc!

— Tu vas voir.

— Comment donc, monsieur, vous êtes sûr? mais ce n'est pas possible, que nous nous écrions.

— Je vous dis, messieurs, que j'avais mis hier dans le tiroir du bureau où il travaille quinze billets de mille francs, plus deux mille francs en or dans une petite boîte : tout a disparu. — A ce moment, voilà le père Marriton, le portier, qui arrive en disant : Monsieur, la garde va venir.

— Et Germain?

— Attends donc... Le patron dit au portier : Dès que M. Germain viendra, envoyez-le ici, à l'étude, sans lui rien dire... Je veux le confondre devant vous, messieurs — reprend le patron. Au bout d'un quart d'heure, le pauvre Germain arrive comme si de rien n'était; la mère Séraphin venait d'apporter notre ratatouille : il salue le patron, nous dit bonjour très-tranquillement. — Germain, vous ne déjeunez pas? — dit M. Ferrand. — Non, monsieur; merci, je n'ai pas faim. — Vous venez bien tard? — Oui, monsieur...

j'ai été obligé d'aller à Belleville ce matin. — Sans doute pour cacher l'argent que vous m'avez volé ? — s'écria M. Ferrand d'une voix terrible.

— Et Germain ?...

— Voilà le pauvre garçon qui devient pâle comme un mort, et qui répond tout de suite en balbutiant : — Monsieur, je vous en supplie, ne me perdez pas...

— Il avait volé ?

— Mais attendez donc, Chalamel. — Ne me perdez pas ! — dit-il au patron. — Vous avouez donc, misérable ? — Oui, monsieur... mais voici l'argent qui manque. Je croyais pouvoir le remettre ce matin avant que vous fussiez levé ; malheureusement une personne qui avait à moi une petite somme, et que je croyais trouver hier soir chez elle, était à Belleville depuis deux jours ; il m'a fallu y aller ce matin... C'est ce qui a causé mon retard... Grâce, monsieur, ne me perdez pas ! En prenant cet argent, je savais bien que je pourrais le remettre ce matin. Voici les treize cents francs en or. — Comment, les treize cents francs ! — s'écria M. Ferrand. — Il s'agit bien de treize cents francs! Vous m'avez volé, dans le bureau de la chambre du premier, quinze billets de mille francs dans un portefeuille vert et deux mille francs en or. — Moi!... jamais! — s'écria ce pauvre Germain d'un air renversé. — Je vous avais pris treize cents francs en or... mais pas un sou de plus. Je n'ai pas vu de portefeuille dans le tiroir; il n'y avait que deux mille francs en or dans une boîte. — Oh! l'infâme menteur!... — s'écria le patron. — Vous avez volé treize cents francs, vous pouvez bien en avoir volé davantage; la justice prononcera... Oh! je serai impitoyable pour un si affreux abus de confiance. Ce sera un exemple... Enfin, mon pauvre Chalamel, la garde arrive sur ce coup de temps-là, avec le secrétaire du commissaire, pour dresser procès-verbal; on empoigne Germain, et voilà!

— C'est-il bien possible? Germain, la crème des honnêtes gens!

— Ça nous a paru aussi bien singulier.

— Après ça, il faut avouer une chose : Germain était maniaque, il ne voulait jamais dire où il demeurait.

— Ça, c'est vrai.

— Il avait toujours l'air mystérieux.

— Ce n'est pas une raison pour qu'il ait volé dix-sept mille francs.

— Sans doute.

—C'est une remarque que je fais.

— Ah bien! voilà une nouvelle!... c'est comme si on me donnait un coup de poing sur la tête... Germain... Germain... qui avait l'air si honnête... à qui on aurait donné le bon Dieu sans confession!

— On dirait qu'il avait comme un pressentiment de son malheur...

— Pourquoi?

— Depuis quelque temps il avait comme quelque chose qui le rongeait.

— C'était peut-être à propos de Louise.

— De Louise?

— Après ça, je ne fais que répéter ce que disait ce matin la mère Séraphin.

— Quoi donc? quoi donc?

— Qu'il était l'amant de Louise... et le père de l'enfant...

— Voyez-vous, le sournois!

— Tiens, tiens, tiens!

— Ah! bah!

— Ça n'est pas vrai!

— Comment sais-tu cela, Chalamel?

— Il n'y a pas quinze jours que Germain m'a dit, en confidence, qu'il était amoureux fou, mais fou, fou, d'une petite ouvrière, bien honnête, qu'il avait connue dans une maison où il avait logé; il avait les larmes aux yeux en me parlant d'elle.

— Ohé, Chalamel! ohé, Chalamel! est-il rococo!

— Il dit que Faublas est son héros, et il est assez bon enfant. assez cruche, assez *actionnaire*, pour ne pas comprendre qu'on peut être amoureux de l'une, et être l'amant de l'autre.

— Je vous dis, moi, que Germain parlait sérieusement...

— A ce moment le maître-clerc entra dans l'étude.

— Eh bien! — dit-il — Chalamel, avez-vous fait toutes les courses?

— Oui, monsieur Dubois, j'ai été chez M. de

Saint-Remy, il va venir tout à l'heure pour payer.

— Et chez madame la comtesse Mac-Grégor?

— Aussi... voilà la réponse.

— Et chez la comtesse d'Orbigny?

— Elle remercie bien le patron; elle est arrivée hier matin de Normandie, elle ne s'attendait pas à avoir sitôt sa réponse; voilà sa lettre. J'ai aussi passé chez l'intendant de M. le marquis d'Harville, comme il l'avait demandé, pour les frais du contrat que j'ai été faire signer l'autre jour à l'hôtel.

— Vous lui aviez bien dit que ce n'était pas si pressé?

— Oui; mais l'intendant a voulu payer tout de même. Voilà l'argent... Ah! j'oubliais cette carte qui était ici en bas chez le portier, avec un mot au crayon écrit dessus (pas sur le portier); ce monsieur a demandé le patron, il a laissé cela :

— WALTER MURPH — lut le maître-clerc — et plus bas, au crayon : *reviendra à trois heures pour affaires importantes.* — Je ne connais pas ce nom.

— Ah! j'oubliais encore — reprit Chalamel — M. Badinot a dit que c'était bon, que M. Ferrand fasse comme il l'entendrait, que ça serait toujours bien.

— Il n'a pas donné de réponse par écrit?

— Non, monsieur, il a dit qu'il n'avait pas le temps.

— Très-bien.

— M. Charles Robert viendra aussi dans la journée parler au patron; il paraît qu'il s'est battu hier en duel avec le duc de Lucenay.

— Et est-il blessé?

— Je ne crois pas, on me l'aurait dit chez lui.

— Tiens! une voiture qui s'arrête...

— Oh! les beaux chevaux! sont-ils fougueux!

— Et ce gros cocher anglais, avec sa perruque blanche et sa livrée brune à galons d'argent, et ses épaulettes comme un colonel!

— C'est un ambassadeur, bien sûr.

— Et le chasseur, en a-t-il aussi, de cet argent, sur le corps!

— Et de grandes moustaches!

— Tiens — dit Chalamel — c'est la voiture du vicomte de Saint-Remy.

— Que ça de genre? merci!..

Bientôt après, M. de Saint-Remy entrait dans l'étude.

CHAPITRE XXI.

M. DE SAINT-REMY.

Nous avons dépeint la charmante figure, l'élégance exquise, la tournure ravissante de M. de Saint-Remy, arrivé la veille de la ferme d'Arnouville (propriété de madame la duchesse de Lucenay), où il avait trouvé un refuge contre les poursuites des gardes du commerce Malicorne et Bourdin.

M. de Saint-Remy entra brusquement dans l'étude, son chapeau sur la tête, l'air haut et fier, fermant à demi les yeux, et demandant d'un air souverainement impertinent, sans regarder personne :

— Le notaire, où est-il?

— Monsieur Ferrand travaille dans son

cabinet — dit le maître-clerc — si vous voulez attendre un instant, monsieur, il pourra vous recevoir.

— Comment, attendre?

— Mais, monsieur...

— Il n'y a pas de Mais monsieur; allez lui dire que M. de Saint-Remy est là... Je trouve encore singulier que ce notaire me fasse faire antichambre... ça empeste le poêle ici!

— Veuillez passer dans la pièce à côté, monsieur — dit le premier clerc — j'irai tout de suite prévenir M. Ferrand.

M. de Saint-Remy haussa les épaules, et suivit le maître-clerc.

Au bout d'un quart d'heure qui lui sembla fort long et qui changea son dépit en colère, M. de Saint-Remy fut introduit dans le cabinet du notaire.

Rien de plus curieux que le contraste de ces deux hommes, tous deux profondément physionomistes et généralement habitués à juger presque du premier coup d'œil à qui ils avaient affaire.

M. de Saint-Remy voyait Jacques Ferrand pour la première fois. Il fut frappé du caractère de cette figure blafarde, rigide, impassible, au regard caché par d'énormes lunettes vertes, au crâne disparaissant à demi sous un vieux bonnet de soie noire.

Le notaire était assis devant son bureau, sur un fauteuil de cuir, à côté d'une cheminée dégradée, remplie de cendre, où fumaient deux tisons noircis. Des rideaux de percaline verte, presque en lambeaux, ajustés à de petites tringles de fer sur les croisées, cachaient les vitres inférieures et jetaient dans ce cabinet, déjà sombre, un reflet livide et sinistre. Des casiers de bois noir remplis de cartons étiquetés, quelques chaises de merisier recouvertes de velours d'Utrecht jaune, une pendule d'acajou, un carrelage jaunâtre, humide et glacial, un plafond sillonné de crevasses et orné de guirlandes de toiles d'araignée, tel était le *sanctus sanctorum* de M. Jacques Ferrand.

Le vicomte n'avait pas fait deux pas dans ce cabinet, n'avait pas dit une parole, que le notaire, qui le connaissait de *réputation*, le haïssait déjà. D'abord il voyait en lui, pour ainsi dire, un rival en fourberies; et puis, par cela même que M. Ferrand était d'une mine basse et ignoble, il détestait chez les autres l'élégance, la grâce et la jeunesse, surtout lorsqu'un air suprêmement insolent accompagnait ces avantages.

Le notaire affectait ordinairement une sorte de brusquerie rude, presque grossière, envers ses clients, qui n'en ressentaient que plus d'estime pour lui en raison de ces manières de paysan du Danube. Il se promit de redoubler de brutalité envers M. de Saint-Remy.

Celui-ci, ne connaissant aussi Jacques Ferrand que de *réputation*, s'attendait à trouver en lui une sorte de tabellion, bonhomme ou ridicule, le vicomte se représentant toujours sous des dehors presque niais les hommes de probité proverbiale, dont Jacques Ferrand était, disait-on, le type achevé.

Loin de là, la physionomie, l'attitude du *tabellion* imposaient au vicomte un ressentiment indéfinissable, moitié crainte, moitié haine, quoiqu'il n'eût aucune raison sérieuse de le craindre ou de le haïr. Aussi, en conséquence de son caractère résolu, M. de Saint-Remy exagéra-t-il encore son insolence et sa fatuité habituelles. Le notaire gardait son bonnet sur sa tête, le vicomte garda son chapeau, et s'écria dès la porte, d'une voix haute et mordante :

— Il est, pardieu! fort étrange, monsieur, que vous me donniez la peine de venir ici, au lieu d'envoyer chercher chez moi l'argent des traites que j'ai souscrites à ce Badinot, et pour lesquelles ce drôle-là m'a poursuivi... Vous me dites, il est vrai, qu'en outre vous avez une communication très-importante à me faire... soit... mais alors vous ne devriez pas m'exposer à attendre un quart d'heure dans votre antichambre : cela n'est pas poli, monsieur.

M. Ferrand, impassible, termina un calcul qu'il faisait, essuya méthodiquement sa plume sur l'éponge imbibée d'eau qui entourait son encrier de faïence ébréché, et leva vers le vicomte sa face glaciale, terreuse et camuse, chargée d'une paire de lunettes.

On eût dit une tête de mort dont les orbites auraient été remplacés par de larges prunelles fixes, glauques et vertes.

Après l'avoir considéré un moment en silence, le notaire dit au vicomte, d'une voix brusque et brève :

— Où est l'argent?

Ce sang-froid exaspéra M. de Saint-Remy.

Lui... lui, l'idole des femmes, l'envie des hommes, le parangon de la meilleure compagnie de Paris, le duelliste redouté, ne pas produire plus d'effet sur un misérable notaire! cela était odieux; quoiqu'il fut en tête-à-tête avec Jacques Ferrand, son orgueil intime se révoltait.

— Où sont les traites?

Reprit-il aussi brièvement.

Du bout d'un de ses doigts durs comme du fer et couverts de poils roux, le notaire, sans répondre, frappa sur un large portefeuille de cuir posé près de lui.

Décidé à être aussi laconique, mais frémissant de colère, le vicomte prit dans la poche de sa redingote un petit agenda de cuir de Russie fermé par des agrafes d'or, en tira quarante billets de mille francs, et les montra au notaire.

— Combien? — demanda celui-ci.

— Quarante mille francs!

— Donnez...

— Tenez, et finissons vite, monsieur; faites

votre métier, payez-vous, remettez-moi les traites — dit le vicomte, en jetant impatiemment le paquet de billets de banque sur la table.

Le notaire les prit, se leva, les examina près de la fenêtre, les tournant et les retournant un à un, avec une attention si scrupuleuse, et pour ainsi dire si insultante pour M. de Saint-Remy, que ce dernier en blêmit de rage.

Le notaire, comme s'il eût deviné les pensées qui agitaient le vicomte, hocha la tête, se tourna à demi vers lui et lui dit avec un accent indéfinissable :

— Ça s'est vu...

Un moment interdit, M. de Saint-Remy reprit sèchement :

— Quoi?

— Des billets de banque faux — répondit le notaire, en continuant de soumettre ceux qu'il tenait à un examen attentif.

— A propos de quoi me faites-vous cette remarque, monsieur?

Jacques Ferrand s'arrêta un moment, regarda fixement le vicomte à travers ses lunettes; puis, haussant imperceptiblement les épaules, il se remit à inventorier les billets sans prononcer une parole.

— Mort-Dieu! monsieur le notaire, sachez que lorsque j'interroge on me répond! — s'écria M. de Saint-Remy, irrité par le calme de Jacques Ferrand.

— *Ceux-là* sont bons...

Dit le notaire en retournant vers son bureau où il prit une petite liasse de papiers timbrés auxquels étaient annexées deux lettres de change; il mit ensuite un des billets de mille francs et trois rouleaux de cent francs sur le dossier de la créance, puis il dit à M. de Saint-Remy, en lui indiquant du bout du doigt l'argent et les titres :

— Voici ce qui vous revient des quarante mille francs; mon client m'a chargé de percevoir la note des frais.

Le vicomte s'était contenu à grand'peine pendant que Jacques Ferrand établissait ses comptes. Au lieu de lui répondre et de prendre l'argent, il s'écria d'une voix tremblante de colère :

— Je vous demande, monsieur, pourquoi vous m'avez dit, à propos des billets de banque que je viens de vous remettre, *qu'on en avait vu de faux?*

— Pourquoi?

— Oui.

— Parce que... je vous ai mandé ici pour une affaire de faux...

Et le notaire braqua ses lunettes vertes sur le vicomte.

— Et en quoi cette affaire de faux me concerne-t-elle?

Après un moment de silence, M. Ferrand dit au vicomte, d'un air triste et sévère:

— Vous rendez-vous compte, monsieur, des fonctions que remplit un notaire?

— Le compte et les fonctions sont parfaitement simples, monsieur, j'avais tout à l'heure quarante mille francs, il m'en reste treize cents...

— Vous êtes très-plaisant, monsieur... Je vous dirai, moi, qu'un notaire est aux affaires temporelles ce qu'un confesseur est aux affaires spirituelles... Par état, il connaît souvent d'ignobles secrets.

— Après, monsieur?

— Il se trouve souvent forcé d'être en relation avec des fripons...

— Ensuite, monsieur?

— Il doit, autant qu'il le peut, empêcher un nom honorable d'être traîné dans la boue.

— Qu'ai-je de commun avec tout cela?

— Votre père vous avait laissé un nom respecté que vous déshonorez, monsieur!...

— Qu'osez-vous dire?

— Sans l'intérêt qu'inspire ce nom à tous les honnêtes gens, au lieu d'être cité ici, devant moi, vous le seriez à cette heure devant le juge d'instruction.

— Je ne vous comprends pas.

— Il y a deux mois, vous avez escompté, par l'intermédiaire d'un agent d'affaires, une traite de cinquante-huit mille francs, souscrite par la maison Meulaert et compagnie, de Hambourg, au profit d'un William Smith, et payable dans trois mois chez M. Grimaldi, banquier à Paris.

— Eh bien!

— Cette traite est fausse.

— Cela n'est pas vrai...

— Cette traite est fausse!... la maison Meulaert n'a jamais contracté d'engagement avec William Smith ; elle ne le connaît pas.

— Serait-il vrai ! — s'écria M. de Saint-Remy avec autant de surprise que d'indignation ; — mais alors j'ai été horriblement trompé, monsieur... car j'ai reçu cette valeur comme argent comptant.

— De qui ?

— De M. William Smith lui-même ; la maison Meulaert est si connue... je connaissais moi-même tellement la probité de M. William Smith, que j'ai accepté cette traite en paiement d'une somme qu'il me devait...

— William Smith n'a jamais existé... c'est un personnage imaginaire...

— Monsieur, vous m'insultez !

— Sa signature est fausse et supposée comme le reste.

— Je vous dis, monsieur, que M. William Smith existe ; mais j'ai sans doute été dupe d'un horrible abus de confiance.

— Pauvre jeune homme !...

— Expliquez-vous.

— En quatre mots, le dépositaire actuel de

la traite est convaincu que vous avez commis le faux...

— Monsieur !...

— Il prétend en avoir la preuve ; avant-hier il est venu me prier de vous mander chez moi et de vous proposer de vous rendre cette fausse traite..... moyennant transaction..... Jusque-là tout était loyal, voici qui ne l'est plus, et je ne vous en parle qu'à titre de renseignements : il demande cent mille francs... écus... aujourd'hui même, ou sinon, demain, à midi, le faux est déposé au parquet du procureur du roi.

— C'est une indignité !

— Et de plus une absurdité... Vous êtes ruiné, vous étiez poursuivi pour une somme que vous venez de me payer, grâce à je ne sais quelle ressource... voilà ce que j'ai déclaré à ce tiers-porteur... Il m'a répondu à cela... que certaine grande dame très-riche ne vous laisserait pas dans l'embarras...

— Assez, monsieur !... assez !...

— Autre indignité, autre absurdité ! d'accord.

— Enfin, monsieur, que veut-on ?

—Indignement exploiter une action indigne. J'ai consenti à vous faire savoir cette proposition, tout en la flétrissant comme un honnête homme doit la flétrir. Maintenant cela vous regarde. Si vous êtes coupable, choisissez entre la cour d'assises ou la rançon qu'on vous impose... Ma démarche est tout officieuse, et je ne me mêlerai pas davantage d'une affaire aussi sale. Le tiers-porteur s'appelle M. Petit-Jean, négociant en huiles; il demeure sur le bord de la Seine, quai de Billy, 10. Arrangez-vous avec lui. Vous êtes dignes de vous entendre... si vous êtes faussaire comme il l'affirme.

M. de Saint-Remy était entré chez Jacques Ferrand le verbe insolent, la tête haute. Quoiqu'il eût commis dans sa vie quelques actions honteuses, il restait encore en lui une certaine fierté de race, un courage naturel qui ne s'était jamais démenti; au commencement de cet entretien, regardant le notaire comme un adversaire indigne de lui, il s'était contenté de le persifler.

Lorsque Jacques Ferrand eut parlé de faux... le vicomte se sentit écrasé. A son tour il se trouvait dominé par le notaire.

Sans l'empire absolu qu'il avait sur lui-même, il n'aurait pu cacher l'impression terrible que lui causa cette révélation inattendue; car elle pouvait avoir pour lui des suites incalculables... que le notaire ne soupçonnait même pas...

Après un moment de silence et de réflexion, il se résigna, lui si orgueilleux, si irritable, si vain de sa bravoure, à implorer cet homme grossier qui lui avait si rudement parlé l'austère langage de la probité.

— Monsieur, vous me donnez une preuve d'intérêt dont je vous remercie; je regrette la vivacité de mes premières paroles... — dit M. de Saint-Remy d'un ton cordial.

— Je ne m'intéresse pas du tout à vous — reprit brutalement le notaire. — Votre père était l'honneur même, je n'aurais pas voulu voir son nom à la cour d'assises: voilà tout.

— Je vous répète, monsieur, que je suis incapable de l'infamie dont on m'accuse.

— Vous direz cela à M. Petit-Jean.

— Mais, je l'avoue, l'absence de M. Smith, qui a indignement abusé de ma bonne foi...

— Infâme Smith!

— L'absence de M. Smith me met dans un cruel embarras; je suis innocent; qu'on m'accuse, je le prouverai; mais une telle accusation flétrit toujours un galant homme.

— Après?

— Soyez assez généreux pour employer la somme que je viens de vous remettre à désintéresser en partie la personne qui a cette traite entre les mains.

— Cet argent appartient à mon client, il est sacré!

— Mais dans deux ou trois jours je le rembourserai.

— Vous ne le pourrez pas?

— J'ai des ressources.

— Aucunes... d'avouables du moins. Votre mobilier, vos chevaux ne vous appartiennent plus, dites-vous... ce qui m'a l'air d'une fraude indigne.

— Vous êtes bien dur, monsieur. Mais en admettant cela, ne ferai-je pas argent de tout dans une extrémité aussi désespérée? Seulement, comme il m'est impossible de me procurer d'ici à demain midi cent mille francs, je vous en conjure, employez l'argent que je viens de vous remettre à retirer cette malheureuse traite. Ou bien... vous qui êtes si riche... faites-moi cette avance, ne me laissez pas dans une position pareille...

— Moi, répondre de cent mille francs pour vous? ah çà! vous êtes donc fou?

— Monsieur, je vous en supplie... au nom de mon père... dont vous m'avez parlé... soyez assez bon pour...

—Je suis bon pour ceux qui le méritent — dit rudement le notaire; — honnête homme, je hais les escrocs, et je ne serais pas fâché de voir un de ces beaux fils sans foi ni loi, impies et débauchés, une bonne fois attaché au pilori pour servir d'exemple aux autres... Mais j'entends vos chevaux qui s'impatientent, monsieur le vicomte — dit le notaire en souriant du bout de ses dents noires.

A ce moment on frappa à la porte du cabinet.

— Qu'est-ce? — dit Jacques Ferrand.

— Madame la comtesse d'Orbigny — dit le maître-clerc.

— Priez-la d'attendre un moment.

— C'est la belle-mère de la marquise d'Harville — s'écria M. de Saint-Remy.

— Oui, monsieur... elle a rendez-vous avec moi; ainsi, serviteur.

— Pas un mot de ceci, monsieur! — s'écria M. de Saint-Remy d'un ton menaçant.

— Je vous ai dit, monsieur, qu'un notaire était aussi discret qu'un confesseur.

Jacques Ferrand sonna, le clerc parut.

— Faites entrer madame d'Orbigny... — Puis, s'adressant au vicomte : — Prenez ces treize cents francs, monsieur, ce sera toujours un à-compte pour M. Petit-Jean.

Madame d'Orbigny (autrefois madame Roland) entra au moment où M. de Saint-Remy sortait, les traits contractés par la rage de s'être inutilement humilié devant le notaire.

— Eh! bonjour, monsieur de Saint-Remy — lui dit madame d'Orbigny; — combien il y a de temps que je ne vous ai vu...!

— En effet, madame, depuis le mariage de d'Harville, dont j'étais témoin, je n'ai pas eu l'honneur de vous rencontrer — dit M. de Saint-Rémy en s'inclinant et en donnant tout à coup à ses traits une expression affable et souriante. — Depuis lors vous êtes toujours restée en Normandie?

— Mon Dieu! oui; M. d'Orbigny ne veut vivre maintenant qu'à la campagne... et ce qu'il aime, je l'aime... Aussi vous voyez en moi une vraie provinciale : je ne suis pas venue à Paris depuis le mariage de ma chère belle-fille avec cet excellent M. d'Harville... le voyez-vous souvent?..

— D'Harville est devenu très-sauvage... et très-morose... On le rencontre assez peu dans le monde — dit M. de Saint-Remy avec une nuance d'impatience, car cet entretien lui était insupportable, et par son inopportunité, et parce que le notaire semblait s'en amuser beaucoup. Mais la belle-mère de madame d'Harville, enchantée de cette rencontre avec un *élégant*, n'était pas femme à lâcher si tôt sa proie.

— Et ma chère belle-fille — reprit-elle — n'est pas, je l'espère, aussi sauvage que son mari?

— Madame d'Harville est fort à la mode et toujours fort entourée, ainsi qu'il convient à une jolie femme ; mais je crains, madame, d'abuser de vos moments, et...

— Mais pas du tout, je vous assure. C'est une bonne fortune pour moi de rencontrer l'élégant des élégants, le roi de la mode ; en dix minutes, je vais être au fait de Paris, comme si je ne l'avais jamais quitté... Et votre cher M. de Lucenay, qui était avec vous témoin du mariage de M. d'Harville?

— Plus original que jamais : il part pour l'Orient, et il en revient juste à temps pour recevoir hier matin un coup d'épée, fort innocent du reste.

— Ce pauvre duc ! Et sa femme, toujours belle et ravissante?

— Vous savez, madame, que j'ai l'honneur d'être un de ses meilleurs amis, mon témoignage à ce sujet serait suspect... Veuillez, madame, à votre retour aux Aubiers, me faire la grâce de ne pas m'oublier auprès de M. d'Orbigny.

— Il sera très-sensible, je vous assure, à votre aimable souvenir ; car il s'informe souvent de vous, de vos succès... Il dit toujours que vous lui rappelez le duc de Lauzun.

— Cette comparaison seule est tout un éloge; mais malheureusement pour moi elle est beaucoup plus bienveillante que vraie. Adieu, madame; car je n'ose espérer que vous puissiez me faire l'honneur de me recevoir avant votre départ.

— Je serais désolée que vous prissiez la peine de venir chez moi. Je suis tout à fait campée pour quelques jours en hôtel garni; mais si, cet été ou cet automne, vous passez sur notre route, en allant à quelqu'un de ces châteaux à la mode où les merveilleuses se disputent le plaisir de vous recevoir... accordez-nous quelques jours, seulement par curiosité de contraste, et pour vous reposer, chez de pauvres campagnards, de l'étourdissement de cette vie de château si élégante et si folle... car c'est toujours fête où vous allez!...

— Madame...

— Je n'ai pas besoin de vous dire combien M. d'Orbigny et moi nous serons heureux de vous recevoir; mais adieu, monsieur; je crains que le bourru bienfaisant (elle montra le notaire) ne s'impatiente de nos bavardages.

— Bien au contraire, madame, bien au contraire — dit Ferrand avec un accent qui redoubla la rage contenue de M. de Saint-Remy.

— Avouez que M. Ferrand est un homme terrible..... — reprit madame d'Orbigny en faisant l'évaporée; — mais prenez garde; puisqu'il est heureusement pour vous chargé de vos affaires, il vous grondera furieusement, c'est un homme impitoyable. Mais que dis-je?... au contraire... un merveilleux comme vous... avoir M. Ferrand pour notaire... mais c'est un brevet d'amendement; car on sait bien qu'il ne laisse jamais faire de folies à ses clients, sinon il leur rend leurs comptes... Oh! il ne veut pas être le notaire de tout le monde... — Puis, s'adressant à Jacques Ferrand : — Savez-vous, monsieur le puritain, que c'est une superbe conversion que vous avez faite là... rendre sage l'élégant par excellence, le roi de la mode !

— C'est justement une conversion, madame... M. le vicomte sort de mon cabinet tout autre qu'il n'y était entré.

— Quand je vous dis que vous faites des

miracles !... Ce n'est pas étonnant, vous êtes un saint.

— Ah! madame... vous me flattez... — dit Jacques Ferrand avec componction.

M. de Saint-Remy salua profondément madame d'Orbigny; puis, au moment de quitter le notaire, voulant tenter une dernière fois de l'apitoyer, il lui dit d'un ton dégagé, qui laissait pourtant deviner une anxiété profonde :

— Décidément... mon cher monsieur Ferrand... vous ne voulez pas m'accorder ce que je vous demande?

— Quelque folie... sans doute?... Soyez inexorable, mon cher puritain — s'écria madame d'Orbigny en riant.

— Vous entendez... monsieur... je ne puis contrarier une aussi belle dame...

— Mon cher monsieur Ferrand, parlons sérieusement... des choses sérieuses... et vous savez que celle-là... l'est beaucoup... Décidément vous me refusez? — demanda le vicomte avec une angoisse à peine dissimulée.

Le notaire fut assez cruel pour paraître hésiter. M. de Saint-Rémy eut un moment d'espoir.

— Comment, homme de fer, vous cédez? — dit en riant la belle-mère de madame d'Harville — vous subissez aussi le charme de l'irrésistible?...

— Ma foi, madame, j'étais sur le point de céder, comme vous dites, mais vous me faites rougir de ma faiblesse — reprit M. Ferrand; puis, s'adressant au vicomte, il lui dit, avec une expression dont celui-ci comprit toute la signification : — Là, *sérieusement* (et il appuya sur ce mot), c'est impossible... Je ne souffrirai pas que, par caprice, vous fassiez une étourderie pareille... Monsieur le vicomte, je me regarde comme le tuteur de mes clients; je n'ai pas d'autre famille, et je me regarderais comme complice des folies que je leur laisserais faire.

— Oh! le puritain! Voyez-vous le puritain! — dit madame d'Orbigny.

— Du reste, voyez M. Petit-Jean; il pensera, j'en suis sûr, absolument comme moi; et, comme moi, il vous dira... non!

M. de Saint-Remy sortit désespéré.

Après un moment de réflexion, il dit : — Il le faut! Puis, à son chasseur, qui tenait ouverte la portière de sa voiture :

— A l'hôtel de Lucenay!

Pendant que M. de Saint-Remy se rend chez la duchesse, nous ferons assister le lecteur à l'entretien de M. Ferrand et de la belle-mère de madame d'Harville.

CHAPITRE XXII.

LE TESTAMENT.

Le lecteur a peut-être oublié le portrait de la belle-mère de madame d'Harville, tracé par celle-ci.

Répétons que madame d'Orbigny est une petite femme blonde, mince, ayant les cils presque blancs, les yeux ronds et d'un bleu pâle ; sa parole est mielleuse, son regard hyocrite, ses manières insinuantes et insidieuses. En étudiant sa physionomie fausse et perfide, on y découvre quelque chose de sournoisement cruel.

— Quel charmant jeune homme que M. de Saint-Remy ! — dit madame d'Orbigny à Jacques Ferrand, lorsque le vicomte fut sorti.

— Charmant... Mais, madame, causons

d'affaires... Vous m'avez écrit de Normandie que vous vouliez me consulter sur de graves intérêts...

— N'avez-vous pas toujours été mon conseil depuis que ce bon docteur Polidori m'a adressée à vous?.. A propos, avez-vous de ses nouvelles? — demanda madame d'Orbigny d'un air parfaitement détaché.

— Depuis son départ de Paris il ne m'a pas écrit une seule fois — répondit non moins indifféremment le notaire.

Avertissons le lecteur que ces deux personnages se mentaient effrontément l'un à l'autre. Le notaire avait vu récemment Polidori (un de ses deux complices) et lui avait proposé d'aller à Asnières, chez les Martial, pirates d'eau douce dont nous parlerons plus tard, d'aller, disons-nous, empoisonner Louise Morel, sous le nom du *docteur Vincent*.

La belle-mère de madame d'Harville se rendait à Paris afin d'avoir aussi une conférence secrète avec ce scélérat, depuis assez longtemps caché, nous l'avons dit, sous le nom de César Bradamanti.

— Mais il ne s'agit pas du bon docteur —

reprit la belle-mère de madame d'Harville; — vous me voyez très-inquiète : mon mari est indisposé; sa santé s'affaiblit de plus en plus. Sans me donner de craintes graves... son état me tourmente... ou plutôt le tourmente... — dit madame d'Orbigny en essuyant ses yeux légèrement humectés.

— De quoi s'agit-il ?

— Il parle incessamment de dernières dispositions à prendre... de testament...

Ici madame d'Orbigny cacha son visage dans son mouchoir pendant quelques minutes.

— Cela est triste, sans doute — reprit le notaire — mais cette précaution n'a en elle-même rien de fâcheux... Quelles seraient d'ailleurs les intentions de M. d'Orbigny, madame ?..

— Mon Dieu, que sais-je?... Vous sentez bien que lorsqu'il met la conversation sur ce sujet, je ne l'y laisse pas long-temps.

— Mais, enfin, à ce propos, ne vous a-t-il rien dit de positif?

— Je crois — reprit madame d'Orbigny d'un air parfaitement désintéressé — je crois qu'il veut non-seulement me donner tout ce que la loi lui permet de me donner... mais... Oh! tenez, je vous en prie, ne parlons pas de cela...

— De quoi parlerons-nous?

— Hélas! vous avez raison, homme impitoyable!.. il faut, malgré moi, revenir au triste sujet qui m'amène auprès de vous..... Eh bien! M. d'Orbigny pousse la bonté jusqu'à vouloir... dénaturer une partie de sa fortune et me faire don... d'une somme considérable.

— Mais sa fille... sa fille? — s'écria sévèrement M. Ferrand. — Je dois vous déclarer que depuis un an M. d'Harville m'a chargé de ses affaires... Je lui ai dernièrement encore fait acheter une terre magnifique..... Vous connaissez ma rudesse en affaires...peu m'importe que M. d'Harville soit un client; ce que je plaide, c'est la cause de la justice; si votre mari veut prendre envers sa fille, madame d'Harville, une détermination qui ne me semble pas convenable... je vous le dirai brutalement, il ne faudra pas compter sur mon concours... Nette et droite, telle a toujours été ma ligne de conduite.

— Et la mienne donc! Aussi je répète sans cesse à mon mari ce que vous me dites là : « Votre fille a de grands torts envers vous, soit... mais ce n'est pas une raison pour la déshériter. »

— Très-bien... à la bonne heure... Et que répond-il?

— Il répond : « Je laisserai à ma fille vingt-cinq mille francs de rentes. Elle a eu plus d'un million de sa mère; son mari a personnellement une fortune énorme; ne puis-je pas vous abandonner le reste, à vous, ma tendre amie, le seul soutien, la seule consolation de mes vieux jours, mon ange gardien? »

— Je vous répète ces paroles trop flatteuses — dit madame d'Orbigny avec un soupir de modestie — pour vous montrer combien M. d'Orbigny est bon pour moi; mais, malgré cela, j'ai toujours refusé ses offres; ce que voyant, il s'est décidé à me prier de venir vous trouver...

— Mais je ne connais pas M. d'Orbigny.

— Mais lui, comme tout le monde, connaît votre loyauté.

— Mais comment vous a-t-il adressée à moi?

— Pour couper court à mes refus, à mes scrupules, il m'a dit : — « Je ne vous propose pas de consulter mon notaire, vous le croiriez trop à ma dévotion ; mais je m'en rapporterai absolument à la décision d'un homme dont le rigorisme de probité est proverbial, M. Jacques Ferrand. S'il trouve votre délicatesse compromise par votre acquiescement à mes offres, nous n'en parlerons plus... sinon vous vous résignerez. » — J'y consens — dis-je à M. d'Orbigny — et voilà comme vous êtes devenu notre arbitre. — « S'il m'approuve — ajouta mon mari — je lui enverrai un plein pouvoir pour réaliser, en mon nom, mes valeurs de rentes et de portefeuille ; il gardera cette somme en dépôt, et après moi, ma tendre amie, vous aurez au moins une existence digne de vous. »

Jamais peut-être M. Ferrand ne sentit plus qu'en ce moment l'utilité de ses lunettes. Sans elles, madame d'Orbigny eût sans doute été frappée du regard étincelant du notaire, dont les yeux semblèrent s'illuminer à ce mot de *dépôt.*

Il répondit néanmoins d'un ton bourru :

— C'est impatientant... voici la dix ou

ouzième fois qu'on me choisit ainsi pour arbitre... toujours sous le prétexte de ma probité... on n'a que ce mot à la bouche... Ma probité! ma probité!.. bel avantage... ça ne me vaut que des ennuis... que des tracas...

— Mon bon monsieur Ferrand... voyons... ne me rudoyez pas. Vous écrirez donc à M. d'Orbigny; il attend votre lettre afin de vous adresser ses pleins pouvoirs... pour réaliser cette somme...

— Combien à peu près?..

— Il m'a parlé, je crois, de quatre à cinq cent mille francs.

— La somme est moins considérable que je ne le croyais; après tout, vous vous êtes dévouée à M. d'Orbigny... Sa fille est fort riche... vous n'avez rien... je puis approuver cela; il me semble que loyalement vous devez accepter...

— Vrai... vous croyez? — dit madame d'Orbigny, dupe comme tout le monde de la probité proverbiale du notaire, et qui n'avait pas été détrompée à cet égard par Polidori.

— Vous pouvez accepter... répéta-t-il.

— J'accepterai donc — dit madame d'Orbigny avec un soupir.

Le premier clerc frappa à la porte.

— Qu'est-ce? — demanda M. Ferrand.

— Madame la comtesse Mac-Grégor.

— Faites attendre un moment...

— Je vous laisse donc, mon cher monsieur Ferrand — dit madame d'Orbigny — vous écrirez à mon mari... puisqu'il le désire, et il vous enverra ses pleins pouvoirs demain...

— J'écrirai...

— Adieu, mon digne et bon conseil...

— Ah! vous ne savez pas, vous autres gens du monde, combien il est désagréable de se charger de pareils dépôts... la responsabilité qui pèse sur nous. Je vous dis qu'il n'y a rien de plus détestable que cette belle réputation de probité, qui ne vous attire que des corvées!

— Et l'admiration des gens de bien!..

— Dieu merci! je place ailleurs qu'ici-bas la récompense que j'ambitionne! — dit M. Ferrand d'un ton béat.

. . . .

A madame d'Orbigny succéda Sarah Mac-Grégor.

CHAPITRE XXIII.

LA COMTESSE MAC-GRÉGOR.

Sarah entra dans le cabinet du notaire avec son sang-froid et son assurance habituels. Jacques Ferrand ne la connaissait pas, il ignorait le but de sa visite ; il s'observa plus encore que de coutume, dans l'espoir de faire une nouvelle dupe... Il regarda très-attentivement la comtesse, et, malgré l'impassibilité de cette femme au front de marbre, il remarqua un léger tressaillement des sourcils, qui lui parut trahir un embarras contraint.

Le notaire se leva de son fauteuil, avança une chaise, la montra du geste à Sarah et lui dit :

— Vous m'avez demandé, madame, un

rendez-vous pour aujourd'hui ; j'ai été très-occupé hier, je n'ai pu vous répondre que ce matin ; je vous en fais mille excuses.

— Je désirais vous voir, monsieur... pour une affaire de la plus haute importance... Votre réputation de probité, de bonté, d'obligeance, m'a fait espérer le succès de la démarche que je tente auprès de vous...

Le notaire s'inclina légèrement sur sa chaise.

— Je sais, monsieur, que votre discrétion est à toute épreuve...

— C'est mon devoir, madame.

— Vous êtes, monsieur, un homme rigide et incorruptible.

— Oui, madame.

— Pourtant, si l'on vous disait, monsieur... il dépend de vous de rendre la vie... plus que la vie... la raison, à une malheureuse mère, auriez-vous le courage de refuser ?...

— Précisez des faits..... madame, je répondrai.

— Il y a quatorze ans environ, à la fin du mois de décembre 1824, un homme, jeune encore et vêtu de deuil... est venu vous proposer de prendre en viager la somme de cent cinquante mille francs, que l'on voulait placer à fonds perdus sur la tête d'un enfant de trois ans, dont les parents désiraient rester inconnus.

— Ensuite, madame?

Dit le notaire, s'épargnant ainsi de répondre affirmativement.

— Vous avez consenti à vous charger de ce placement, et de faire assurer à cet enfant une rente viagère de huit mille francs; la moitié de ce revenu devait être capitalisée à son profit jusqu'à sa majorité; l'autre moitié devait être payée par vous à la personne qui prenait soin de cette petite fille?

— Ensuite, madame.

— Au bout de deux ans — dit Sarah sans pouvoir vaincre une légère émotion — le 28 novembre 1827, cette enfant est morte...

— Avant de continuer cet entretien, madame, je vous demanderai quel intérêt vous portez à cette affaire?

— La mère de cette petite fille est... ma sœur, monsieur....(1). J'ai là, pour preuve de

(1) Nous croyons inutile de rappeler au lecteur que l'enfant dont il est question est Fleur-de-Marie, fille de Rodolphe et

ce que j'avance, l'acte de décès de cette pauvre petite, les lettres de la personne qui a pris soin d'elle, l'obligation d'un de vos clients, chez lequel vous aviez placé les cinquante mille écus.

— Voyons ces papiers, madame.

Assez étonnée de ne pas être crue sur parole, Sarah tira d'un portefeuille plusieurs papiers, que le notaire examina soigneusement.

— Eh bien! madame, que désirez-vous? L'acte de décès est parfaitement en règle, les cinquante mille écus ont été acquis à M. Petit-Jean, mon client, par la mort de l'enfant; c'est une des chances des placements viagers, je l'ai fait observer à la personne qui m'a chargé de cette affaire. Quant aux revenus, ils ont été exactement payés par moi jusqu'à la mort de l'enfant.

— Rien de plus loyal que votre conduite en tout ceci, monsieur, je me plais à le recon-

de Sarah, et que celle-ci, en parlant d'une prétendue sœur, fait un mensonge nécessaire à ses projets, ainsi qu'on va le voir. Sarah était d'ailleurs convaincue comme Rodolphe de la mort de la petite fille.

naître. La femme à qui l'enfant à été confiée a eu aussi des droits à notre gratitude, elle a eu les plus grands soins de ma pauvre petite nièce.

— Cela est vrai, madame; j'ai même été si satisfait de la conduite de cette femme que, la voyant sans place après la mort de cet enfant, je l'ai prise à mon service, et depuis ce temps... elle y est encore...

— Madame Séraphin est à votre service, monsieur ?

— Depuis quatorze ans, comme femme de charge... Et je n'ai qu'à me louer d'elle.

— Puisqu'il en est ainsi, monsieur... elle pourrait nous être d'un grand secours si... vous... vouliez bien accueillir une demande... qui vous paraîtra étrange... peut-être même... coupable au premier abord; mais quand vous saurez dans quelle intention...

— Une demande coupable, madame, je ne vous crois pas plus capable de la faire que moi de l'écouter.

— Je sais, monsieur, que vous êtes la dernière personne à qui on devrait adresser une pareille requête... mais je mets tout mon espoir... mon seul espoir... dans votre pitié... En tout cas, je puis compter sur votre discrétion ?

— Oui, madame.

— Je continue donc. La mort de cette pauvre petite fille a jeté sa mère dans une désolation telle que sa douleur est aussi vive aujourd'hui qu'il y a quatorze ans, et qu'après avoir craint pour sa vie, aujourd'hui nous craignons pour sa raison.

— Pauvre mère ! — dit M. Ferrand avec un soupir.

— Oh ! oui, bien malheureuse mère, monsieur ; car elle ne pouvait que rougir de la naissance de sa fille à l'époque où elle l'a perdue, tandis qu'à cette heure les circonstances sont telles que ma sœur, si son enfant vivait encore, pourrait la légitimer, s'en enorgueillir, ne plus jamais la quitter. Aussi ce regret incessant venant se joindre à ses autres chagrins, nous craignons à chaque instant de voir sa raison s'égarer.

— Il n'y a malheureusement rien à faire à cela.

— Si, monsieur...

— Comment, madame?

— Supposez qu'on vienne dire à la pauvre mère : On a cru votre fille morte... elle ne l'est pas... la femme qui a pris soin d'elle étant toute petite pourrait l'affirmer.

— Un tel mensonge serait cruel, madame... pourquoi donner en vain un espoir à cette pauvre mère?

—Mais si ce n'était pas un mensonge, monsion? ou plutôt si cette supposition pouvait se réaliser?

— Par un miracle? s'il ne fallait pour l'obtenir que joindre mes prières aux vôtres, je les joindrais du plus profond de mon cœur... croyez-le, madame... Malheureusement l'acte de décès est formel.

— Mon Dieu, je le sais, monsieur, l'enfant est mort; et pourtant, si vous vouliez, le malheur ne serait pas irréparable.

— Est-ce une énigme, madame?

— Je parlerai donc plus clairement... Que ma sœur retrouve demain sa fille, non-seulement elle renaît à la vie, mais encore elle est sûre d'épouser le père de cet enfant, aujourd'hui libre comme elle. Ma nièce est morte à six ans. Séparée de ses parents dès l'âge le plus tendre, ils n'ont conservé d'elle aucun souvenir... Supposez qu'on trouve une jeune fille de dix-sept ans, ma nièce aurait maintenant cet âge... une jeune fille comme il y en a tant, abandonnée de ses parents ; qu'on dise à ma sœur : « Voilà votre fille, car on vous a trompée ; de graves intérêts ont voulu qu'on la fît passer pour morte. La femme qui l'a élevée, un notaire respectable, vous affirmeront, vous prouveront que c'est bien elle... »

Jacques Ferrand, après avoir laissé parler la comtesse sans l'interrompre, se leva brusquement, et s'écria d'un air indigné :

— Assez... assez !.. madame ! Oh ! cela est infâme !

— Monsieur !..

— Oser me proposer à moi... à moi... une supposition d'enfant... l'anéantissement d'un acte de décès... une action criminelle, enfin ! C'est la première fois de ma vie que je subis un pareil outrage... et je ne l'ai pourtant pas mérité, mon Dieu... vous le savez !

— Mais, monsieur, à qui cela fait-il du tort ? Ma sœur et la personne qu'elle désire épouser sont veufs et sans enfants... tous deux regrettent amèrement la fille qu'ils ont perdue. Les tromper... mais c'est les rendre au bonheur, à la vie... mais c'est assurer le sort le plus heureux à quelque pauvre fille abandonnée... c'est donc là une noble, une généreuse action, et non pas un crime!

— En vérité — s'écria le notaire avec une indignation croissante — j'admire combien les projets les plus exécrables peuvent se colorer de beaux semblants!...

— Mais, monsieur, réfléchissez...

— Je vous répète, madame, que cela est infâme... C'est une honte de voir une femme de votre qualité machiner de telles abominations... auxquelles votre sœur, je l'espère, est étrangère...

— Monsieur...

— Assez, madame, assez!... Je ne suis pas *galant*, moi... Je vous dirais brutalement de dures vérités...

Sarah jeta sur le notaire un de ses regards noirs, profonds, presque acérés, et lui dit froidement :

— Vous refusez?

— Pas de nouvelle insulte, madame!...

— Prenez garde!...

— Des menaces?...

— Des menaces..... Et pour vous prouver qu'elles ne seraient pas vaines... apprenez d'abord que je n'ai pas de sœur...

— Comment, madame?...

— Je suis la mère de cet enfant...

— Vous?...

— Moi!... J'avais pris un détour pour arriver à mon but, imaginé une fable pour vous intéresser....Vous êtes impitoyable... Je lève le masque... Vous voulez la guerre... eh bien! la guerre...

— La guerre? parce que je refuse de m'associer à une machination criminelle! quelle audace!...

— Écoutez-moi, monsieur... votre réputatation d'honnête homme est faite et parfaite... retentissante et immense...

— Parce qu'elle est méritée... Aussi faut-il avoir perdu la raison pour oser me faire des propositions comme les vôtres!...

— Mieux que personne je sais, monsieur, combien il faut se défier de ces réputations de vertu farouche, qui souvent voilent la galanterie des femmes et la friponnerie des hommes...

— Vous oseriez dire, madame...

— Depuis le commencement de notre entretien, je ne sais pourquoi... je doute que vous méritiez l'estime et la considération dont vous jouissez.

— Vraiment, madame?... ce doute fait honneur à votre perspicacité.

— N'est-ce pas?... car ce doute est fondé sur des riens... sur l'instinct, sur des pressentiments inexplicables... mais rarement ces prévisions m'ont trompée.

— Finissons cet entretien, madame.

— Avant, connaissez ma résolution... Je commence par vous dire, de vous à moi, que je suis convaincue de la mort de ma pauvre fille... mais il n'importe, je prétendrai qu'elle n'est pas morte : les causes les plus invraisemblables se plaident... Vous êtes à cette heure dans une position telle que vous devez avoir beaucoup d'envieux, ils regarderont comme une bonne fortune l'occasion de vous attaquer... je la leur fournirai...

23.

— Vous!...

— Moi, en vous attaquant sous quelque prétexte absurde, sur une irrégularité dans l'acte de décès, je suppose... il n'importe. Je soutiendrai que ma fille n'est pas morte. Comme j'ai le plus grand intérêt à faire croire qu'elle vit encore, quoique perdu, ce procès me servira en donnant un retentissement immense à cette affaire; une mère qui réclame son enfant est toujours intéressante; j'aurai pour moi vos envieux, vos ennemis et toutes les âmes sensibles et romanesques.

— C'est aussi fou que méchant! Dans quel intérêt aurais-je fait passer votre fille pour morte, si elle ne l'était pas?

— C'est vrai, le motif est assez embarrassant à trouver; heureusement les avocats sont là!.. Mais, j'y pense, en voici un excellent : voulant partager avec votre client la somme placée en viager sur la tête de cette malheureuse enfant... vous l'avez fait disparaître...

Le notaire impassible haussa les épaules.

—Si j'avais été assez criminel pour cela, au lieu de la faire disparaître, je l'aurais tuée!

Sarah tressaillit de surprise, resta muette un moment, puis reprit avec amertume :

— Pour un saint homme, voilà une pensée de crime profondément creusée !.. Aurais-je donc touché juste en tirant au hasard ?... Cela me donne à penser... et je penserai... Un dernier mot... Vous voyez quelle femme je suis... j'écrase sans pitié tout ce qui fait obstacle à mon chemin... Réfléchissez bien... il faut que demain vous soyez décidé... Vous pouvez faire impunément ce que je vous demande... Dans sa joie, le père de ma fille ne discutera pas la possibilité d'une telle résurrection si nos mensonges, qui le rendront si heureux, sont adroitement combinés. Il n'a d'ailleurs d'autres preuves de la mort de notre enfant que ce que je lui en ai écrit il y a quatorze ans; il me sera facile de le persuader que je l'ai trompé à ce sujet, car alors j'avais de justes griefs contre lui... Je lui dirai que dans ma douleur j'avais voulu briser à ses yeux le dernier lien qui nous attachait encore l'un à l'autre. Vous ne pouvez donc être en rien compromis : affirmez seulement... homme irréprochable, affirmez que tout a été autrefois concerté entre vous, moi et madame Séraphin, et l'on vous croira. Quant aux cinquante mille écus placés sur la tête de ma fille, cela me regarde seule; ils resteront acquis à votre client, qui doit ignorer complétement ceci; enfin vous fixerez vous-même votre récompense...

Jacques Ferrand conserva tout son sang-froid malgré la bizarrerie de cette situation si étrange et si dangereuse pour lui.

La comtesse, croyant réellement à la mort de sa fille, venait proposer au notaire de faire passer pour vivante cette enfant qu'il avait, lui, fait passer pour morte quatorze années auparavant.

Il était trop habile, il connaissait trop bien les périls de sa position pour ne pas comprendre la portée des menaces de Sarah.

Quoique admirablement et laborieusement construit, l'édifice de la réputation du notaire reposait sur le sable. Le public se détache aussi facilement qu'il s'engoue, aimant à avoir le droit de fouler aux pieds celui que naguère il portait aux nues. Comment prévoir les conséquences de la première attaque portée à la réputation de Jacques Ferrand? Si folle que fût cette attaque, son audace même pouvait éveiller les soupçons...

La perspicacité de Sarah, son endurcissement, effrayaient le notaire. Cette mère n'avait pas eu un moment d'attendrissement en parlant de sa fille; elle n'avait paru considérer sa mort que comme la perte d'un moyen d'action. De tels caractères sont impitoyables dans leurs desseins et dans leur vengeance.

Voulant se donner le temps de chercher à parer ce coup dangereux, Ferrand dit froidement à Sarah :

— Vous m'avez demandé jusqu'à demain midi, madame; c'est moi qui vous donne jusqu'à après-demain pour renoncer à un projet dont vous ne soupçonnez pas la gravité. Si, d'ici là, je n'ai pas reçu de vous une lettre qui m'annonce que vous abandonnez cette criminelle et folle entreprise, vous apprendrez à vos dépens que la justice sait protéger les honnêtes gens qui refusent de coupables complicités, et qu'elle peut atteindre les fauteurs d'odieuses machinations.

— Cela veut dire, monsieur, que vous me

demandez un jour de plus pour réfléchir à mes propositions? C'est bon signe, je vous l'accorde... Après-demain, à cette heure, je reviendrai ici, et ce sera entre nous... la paix... ou la guerre, je vous le répète... mais une guerre acharnée, sans merci ni pitié...

Et Sarah sortit.

....

— Tout va bien... — se dit-elle... — Cette misérable jeune fille, à laquelle Rodolphe s'intéressait par caprice, et qu'il avait envoyée à la ferme de Bouqueval afin d'en faire sans doute plus tard sa maîtresse, n'est plus maintenant à craindre... grâce à la borgnesse qui m'en a délivrée...

L'adresse de Rodolphe a sauvé madame d'Harville du piége où j'avais voulu la faire tomber; mais il est impossible qu'elle échappe à la nouvelle trame que je médite : elle sera donc à jamais perdue pour Rodolphe.

Alors... attristé, découragé, isolé de toute affection, ne sera-t-il pas dans une disposition d'esprit telle qu'il ne demandera pas mieux que d'être dupe d'un mensonge auquel je puis donner toutes les apparences de la réalité avec l'aide du notaire?... Et le notaire m'aidera ; car je l'ai effrayé.

Je trouverai facilement une jeune fille orpheline, intéressante et pauvre, qui, instruite par moi, remplira le rôle de notre enfant si amèrement regretté par Rodolphe... Je connais la grandeur, la générosité de son cœur... Oui, pour donner un nom, un rang à celle qu'il croira sa fille, jusqu'alors malheureuse et abandonnée, il renouera nos liens que j'avais crus indissolubles.... les prédictions de ma nourrice se réaliseront enfin, et j'aurai cette fois sûrement atteint le but constant de ma vie..... UNE COURONNE !!!

. . . .

A peine Sarah venait-elle de quitter la maison du notaire, que M. Charles Robert y entra, descendant du cabriolet le plus élégant: il se dirigea *en habitué* vers le cabinet de Jacques Ferrand.

CHAPITRE XXIV.

M. CHARLES ROBERT.

Le *commandant*, ainsi que disait madame Pipelet, entra sans façon chez le notaire, qu'il trouva d'une humeur sombre et atrabilaire, et qui lui dit brutalement :

— Je réserve les après-midi pour mes clients... quand vous voulez me parler, venez donc le matin.

— Mon cher *tabellion* (c'était une des plaisanteries de M. Robert), il s'agit d'une affaire importante... d'abord, et puis je tenais à vous rassurer par moi-même sur les craintes que vous pouviez avoir...

— Quelles craintes ?

— Vous ne savez donc pas ?

— Quoi ?

— Mon duel...

— Votre duel ?

— Avec le duc Lucenay. Comment, vous ignoriez ?

— Oui.

— Ah ! bah !

— Et pourquoi ce duel ?

— Une chose excessivement grave, qui voulait du sang. Figurez-vous qu'en pleine ambassade, M. de Lucenay s'était permis de me dire en face que... j'avais la pituite !

— Que vous aviez ?

— La pituite, mon cher tabellion ; une maladie qui doit être très-ridicule !

— Vous vous êtes battu pour cela ?

— Et pourquoi diable voulez-vous donc qu'on se batte ?.. Vous croyez qu'on peut, là... de sang-froid... s'entendre dire froidement qu'on a la pituite ?.. et devant une femme charmante, encore !.. devant une petite marquise... que... Enfin, suffit... ça ne pouvait se passer comme cela...

— Certainement.

— Nous autres militaires, vous comprenez...

nous sommes toujours sur la hanche... Mes témoins ont été avant-hier s'entendre avec ceux du duc... J'avais très-nettement posé la question... ou un duel ou une rétractation.

— Une rétractation... de quoi?

— De la pituite, pardieu! de la pituite qu'il se permettait de m'attribuer!

Le notaire haussa les épaules.

— De leur côté, les témoins du duc disaient : — Nous rendons justice au caractère honorable de M. Charles Robert; mais M. de Lucenay ne peut, ne doit, ni ne veut se rétracter. — Ainsi, messieurs, ripostèrent mes témoins, M. de Lucenay s'opiniâtre à soutenir que M. Charles Robert a la pituite? — Oui, messieurs; mais il ne croit pas en cela porter atteinte à la considération de M. Robert. — Alors, qu'il se rétracte. — Non, messieurs; M. de Lucenay reconnaît M. Robert pour un galant homme; mais il prétend qu'il a la pituite. — Vous voyez qu'il n'y avait pas moyen d'arranger une affaire aussi grave...

— Aucun... vous étiez insulté dans ce que l'homme a de plus respectable.

— N'est-ce pas? Aussi on convient du jour,

de l'heure, de la rencontre; et hier matin, à Vincennes, tout s'est passé le plus honorablement du monde : j'ai donné un léger coup d'épée dans le bras au duc de Lucenay; les témoins ont déclaré l'honneur satisfait. Alors le duc a dit à haute voix : — Je ne me rétracte jamais avant une affaire; après, c'est différent: il est donc de mon devoir, de mon honneur de proclamer que j'avais faussement accusé M. Charles Robert d'avoir la pituite. Messieurs, je reconnais non-seulement que mon loyal adversaire n'a pas la pituite, mais j'affirme qu'il est incapable de l'avoir jamais... Puis le duc m'a tendu cordialement la main en me disant : — Êtes-vous content? — C'est entre nous à la vie à la mort! — lui ai-je répondu. — Et je lui devais bien ça... Le duc a parfaitement fait les choses... il aurait pu ne rien dire du tout, ou se contenter de déclarer que je n'avais pas la pituite... Mais affirmer que je ne l'aurais jamais... c'était un procédé très-délicat de sa part.

— Voilà ce que j'appelle du courage bien employé!... Mais que voulez-vous?

— Mon cher *garde-notes* (autre plaisanterie

de M. Robert), il s'agit de quelque chose de très-important pour moi... Vous savez que, d'après nos conventions, lorsque je vous ai avancé trois cent cinquante mille francs pour achever de payer votre charge, il a été stipulé qu'en vous prévenant trois mois d'avance je pourrais retirer de chez vous... ces fonds, dont vous me payez l'intérêt...

— Après?

— Eh bien! — dit M. Robert avec embarras — je... non... mais... c'est que...

— Quoi?

— Vous concevez, c'est un pur caprice... l'idée de devenir seigneur terrien, cher tabellion.

— Expliquez-vous donc?... vous m'impatientez!

— En un mot, on me propose une acquisition territoriale, et, si cela ne vous était pas désagréable... je voudrais, c'est-à-dire je désirerais retirer mes fonds de chez vous... et je viens vous en prévenir, selon nos conventions...

— Ah! ah!

— Cela ne vous fâche pas, au moins?

— Pourquoi cela me fâcherait-il?

— Parce que vous pourriez croire...

— Je pourrais croire?

— Que je suis l'écho des bruits...

— Quels bruits?...

— Non, rien; des bêtises...

— Mais parlez donc!...

— Ce n'est pas une raison parce qu'il court sur vous de sots propos...

— Quels propos?

— Il n'y a pas un mot de vrai là-dedans... mais les méchants affirment que vous vous êtes trouvé malgré vous engagé dans de mauvaises affaires... Purs cancans, bien entendu... C'est comme lorsqu'on a dit que nous jouions à la Bourse ensemble... Ces bruits sont tombés bien vite... car je veux que vous et moi nous devenions chèvres si...

— Ainsi vous ne croyez plus votre argent en sûreté chez moi?

— Si fait, si fait... mais j'aimerais autant l'avoir entre mes mains...

— Attendez-moi là...

M. Ferrand ferma le tiroir de son bureau et se leva.

— Où allez-vous donc, mon cher garde-notes?

— Chercher de quoi vous convaincre de la vérité des bruits qui courent de l'embarras de mes affaires — dit ironiquement le notaire.

Et, ouvrant la porte d'un petit escalier dérobé qui lui permettait d'aller au pavillon du fond sans passer par l'étude, il disparut.

A peine était-il sorti que le maître-clerc frappa.

— Entrez, dit Charles Robert.

— M. Ferrand n'est pas là?

— Non, mon digne *basochien* (autre plaisanterie de M. Robert).

— C'est une dame voilée qui veut parler au patron à l'instant, pour une affaire très-pressante...

— Digne basochien, le patron va revenir tout à l'heure, je lui dirai cela. Est-elle jolie, cette dame?

— Il faudrait être malin pour le deviner; elle a un voile noir si épais qu'on ne voit pas sa figure...

— Bon, bon! je vais joliment la dévisager en sortant. Je vais prévenir M. Ferrand dès qu'il va rentrer.

Le clerc sortit.

— Où diable est allé le tabellion? — se demanda M. Charles Robert — me chercher sans doute l'état de sa caisse... Si ces bruits sont absurdes, tant mieux!... Après cela... bah!... ce sont peut-être de méchantes langues qui font courir ces propos-là... les gens intègres comme Jacques Ferrand ont tant d'envieux!... C'est égal, j'aime autant avoir mes fonds... j'achèterai le château dont on m'a parlé... il y a des tourelles gothiques du temps de Louis XIV, genre renaissance... tout ce qu'il y a de plus rococo... ça me donnera un petit air seigneurial qui ne sera pas piqué des vers... Ça ne sera pas comme mon amour pour cette bégueule de madame d'Harville... M'a-t-elle fait aller!... mon Dieu! m'a-t-elle fait aller!... Oh! non, je n'ai pas fait mes frais... comme dit cette stupide portière de la rue du Temple, avec sa perruque à l'enfant... Cette plaisanterie-là me coûte au moins mille écus... Il est vrai que les meubles me restent... et que j'ai de quoi compromettre la marquise... Mais voici le tabellion.

M. Ferrand revenait, tenant à la main quelques papiers qu'il remit à M. Charles Robert.

— Voici — dit-il à ce dernier — trois cent cinquante mille francs en bons du trésor... Dans quelques jours nous réglerons nos comptes d'intérêt... Faites-moi un reçu...

— Comment!.. — s'écria M. Robert stupéfait. — Ah çà! n'allez pas croire au moins que...

— Je ne crois rien...

— Mais...

— Ce reçu!..

— Cher garde-notes!..

— Écrivez donc, et dites aux gens qui vous parlent de l'embarras de mes affaires de quelle manière je réponds à ces soupçons.

— Le fait est que dès, qu'on va savoir cela, votre crédit n'en sera que plus solide; mais, vraiment, reprenez cet argent, je n'en ai que faire à ce moment; je vous disais dans trois mois.

— M. Charles Robert, on ne me soupçonne pas deux fois.

— Vous êtes fâché?

— Ce reçu !

— Barre de fer, allez! — dit M. Charles Robert. — Puis il ajouta, en écrivant le reçu :

— Il y a une dame on ne peut pas plus voilée qui veut vous parler tout de suite, tout de suite, pour une affaire très-pressée... Je me fais une joie de la bien regarder en passant devant elle... Voilà votre reçu; est-il en règle?

— Très-bien! maintenant allez-vous-en par ce petit escalier.

— Mais la dame?

— C'est justement pour que vous ne la voyiez pas.

Et le notaire, sonnant son maître-clerc, lui dit:

— Faites entrer cette dame... Adieu, monsieur Robert.

— Allons... il faut renoncer à la voir. Sans rancune, tabellion... Croyez bien que...

— Bien, bien! adieu...

Et le notaire referma la porte sur M. Charles Robert.

Au bout de quelques instants le maître-clerc introduisit madame la duchesse de Lucenay, vêtue très-modestement, enveloppée d'un grand châle, et la figure complétement cachée par l'épais voile de dentelle noire qui entourait son chapeau de moire de la même couleur.

CHAPITRE XXV.

MADAME DE LUCENAY.

Madame de Lucenay, assez troublée, s'approcha lentement du bureau du notaire, qui alla quelques pas à sa rencontre.

— Qui êtes-vous, madame... et que me voulez-vous? — dit brusquement Jacques Ferrand, dont l'humeur, déjà très-assombrie par les menaces de Sarah, s'était exaspérée aux soupçons fâcheux de M. Charles Robert. D'ailleurs la duchesse était vêtue si modestement, que le notaire ne voyait aucune raison pour ne pas la rudoyer. Comme elle hésitait à ne pas parler, il reprit durement:

— Vous expliquerez-vous enfin, madame?

— Monsieur... — dit-elle d'une voix émue,

en tâchant de cacher son visage sous les plis de son voile — monsieur... peut-on vous confier un secret de la plus haute importance?...

— On peut tout me confier, madame; mais il faut que je sache et que je voie à qui je parle.

— Monsieur... cela, peut-être, n'est pas nécessaire... Je sais que vous êtes l'honneur, la loyauté même...

— Au fait, madame... au fait, il y a là... quelqu'un qui m'attend. Qui êtes-vous?

— Peu vous importe mon nom, monsieur... un... de... mes amis... de mes parents... sort de chez vous.

— Son nom?

— M. Florestan de Saint-Remy.

— Ah! — fit le notaire; et il jeta sur la duchesse un regard attentif et inquisiteur, et il reprit :

— Eh bien! madame?

— M. de Saint-Remy... m'a tout dit... monsieur...

— Que vous a-t-il dit, madame?

— Tout!...

— Mais encore...

— Mon Dieu! monsieur... vous le savez bien.

— Je sais beaucoup de choses sur M. de Saint-Remy...

— Hélas! monsieur, une chose terrible!...

— Je sais beaucoup de choses terribles sur M. de Saint-Remy...

— Ah! monsieur! il me l'avait bien dit, vous êtes sans pitié...

— Pour les escrocs et les faussaires comme lui... oui, je suis sans pitié. Ce Saint-Remy est-il votre parent? Au lieu de l'avouer, vous devriez en rougir! Venez-vous pleurnicher ici pour m'attendrir, c'est inutile; sans compter que vous faites là un vilain métier pour une honnête femme... si vous l'êtes...

Cette brutale insolence révolta l'orgueil et le sang patricien de la duchesse. Elle se redressa, rejeta son voile en arrière; alors, l'attitude altière, le regard impérieux, la voix ferme, elle dit :

— Je suis la duchesse de Lucenay... monsieur...

Cette femme prit alors un si grand air, son aspect devint si imposant, que le notaire dominé, charmé, recula tout interdit, ôta machinalement le bonnet de soie noire qui couvrait son crâne, et salua profondément.

Rien n'était, en effet, plus gracieux et plus fier que le visage et la tournure de madame de Lucenay; elle avait pourtant alors trente ans bien sonnés, une figure pâle et un peu fatiguée; mais aussi elle avait de grands yeux bruns étincelants et hardis, de magnifiques cheveux noirs, le nez fin et arqué, la lèvre rouge et dédaigneuse, le teint éclatant, les dents éblouissantes, la taille haute et mince, souple et pleine de noblesse, *une démarche de déesse sur les nuées*, comme dit l'immortel Saint-Simon.

Avec un œil de poudre et le grand habit du dix-huitième siècle, madame de Lucenay eût représenté au physique et au moral une de ces libertines (1) duchesses de la Régence qui mettaient à la fois tant d'audace, d'étourderie et de séduisante *bonhomie* dans leurs nombreuses amours, qui s'accusaient de temps à autre de leurs erreurs avec tant de fran-

(1) Alors *libertinage* signifiait indépendance de caractère, insouciance du qu'en dira-t-on.

chise et de naïveté, que les plus rigoristes disaient en souriant : Sans doute elle est bien légère, bien coupable; mais elle est si bonne, si charmante! elle aime ses amants avec tant de dévouement, de passion... de fidélité... tant qu'elle les aime... qu'on ne saurait trop lui en vouloir. Après tout, elle ne damne qu'elle-même, et elle fait tant d'heureux!

Sauf la poudre et les grands paniers, telle était aussi madame de Lucenay lorsque de sombres préoccupations ne l'accablaient pas.

Elle était entrée chez le notaire en timide bourgeoise... elle se montra tout à coup grande dame altière, irritée. Jamais Jacques Ferrand n'avait de sa vie rencontré une femme d'une beauté si insolente, d'une tournure à la fois si noble et si hardie.

Le visage un peu fatigué de la duchesse, ses beaux yeux entourés d'une imperceptible auréole d'azur, ses narines roses fortement dilatées annonçaient une de ces natures ardentes que les hommes peu platoniques adorent avec autant d'ivresse que d'emportement. Quoique vieux, laid, ignoble, sordide, Jacques Ferrand était autant qu'un autre capable d'apprécier le genre de beauté de madame de Lucenay.

Sa haine et sa rage contre M. de Saint-Remy s'augmentaient de l'admiration brutale que lui inspirait sa fière et belle maîtresse; le Jacques Ferrand, rongé de toutes sortes de fureurs contenues, se disait avec rage que ce gentilhomme faussaire, qu'il avait presque forcé de s'agenouiller devant lui en le menaçant des assises, inspirait un tel amour à cette grande dame, qu'elle risquait une démarche qui pouvait la perdre. A ces pensées, e notaire sentit renaître son audace un moment paralysée. La haine, l'envie, une sorte de ressentiment farouche et brûlant allumèrent dans son regard, sur son front et sur sa joue, les feux des plus honteuses, des plus méchantes passions.

Voyant madame de Lucenay sur le point d'entamer un entretien si délicat, il s'attendait de sa part à des détours, à des tempéraments.

Quelle fut sa stupeur! Elle lui parla avec autant d'assurance et de hauteur que s'il se fût agi de la chose la plus naturelle du monde, et comme si devant un homme de son espèce elle n'avait aucun souci de la réserve et des convenances qu'elle eût certainement gardées avec ses pareils, à elle.

En effet, l'insolente grossièreté du notaire, en la blessant au vif, avait forcé madame de Lucenay de sortir du rôle humble et implorant qu'elle avait pris d'abord à grand'peine ; revenue à son caractère, elle crut au-dessous d'elle de descendre jusqu'à la moindre réticence devant ce griffonneur d'actes.

Spirituelle, charitable et généreuse, pleine de bonté, de dévouement et de cœur, malgré ses fautes, mais fille d'une mère qui, par sa révoltante immoralité, avait trouvé moyen d'avilir jusqu'à la noble et sainte infortune de l'émigration ; madame de Lucenay, dans son naïf mépris de certaines races, eût dit comme cette impératrice romaine qui se mettait au bain devant un esclave : — *Ce n'est pas un homme.*

— *M'sieu* le notaire — dit donc résolument la duchesse à Jacques Ferrand — M. de Saint-Remy est un de mes amis ; il m'a confié l'embarras où il se trouve par l'inconvénient d'une double friponnerie dont il est victime... Tout s'arrange avec de l'argent : combien faut-il pour terminer ces misérables tracasseries?...

Jacques Ferrand restait abasourdi de cette façon cavalière et délibérée d'entrer en matière.

— On demande cent mille francs... — reprit-il d'un ton bourru, après avoir surmonté son étonnement.

— Vous aurez vos cent mille francs... et vous renverrez tout de suite ces mauvais papiers à M. de Saint-Remy.

— Où sont les cent mille francs, madame la duchesse?

— Est-ce que je ne vous ai pas dit que vous les auriez, monsieur?...

— Il les faut demain avant midi, madame; sinon la plainte en faux sera déposée au parquet.

— Eh bien! donnez cette somme, je vous en tiendrai compte; quant à vous, je vous payerai bien...

— Mais, madame, il est impossible...

— Vous ne me direz pas, je crois, qu'un notaire comme vous ne trouve pas cent mille francs du jour au lendemain.

— Et sur quelles garanties, madame?

— Qu'est-ce que cela veut dire? expliquez-vous.

— Qui me répondra de cette somme?

— Moi...

— Mais... madame...

— Faut-il vous dire que j'ai une terre de quatre-vingt mille livres de rente à quatre lieues de Paris... Ça peut suffire, je crois, pour ce que vous appelez des garanties?

— Oui, madame, moyennant inscription hypothécaire.

— Qu'est-ce encore que ce mot-là? Quelque formalité sans doute... Faites, monsieur, faites...

— Un tel acte ne peut pas être dressé avant quinze jours, et il faut le consentement de M. votre mari, madame.

— Mais cette terre m'appartient, à moi, à moi seule — dit impatiemment la duchesse.

— Il n'importe, madame; vous êtes en puissance de mari, et les actes hypothécaires sont très-longs et très-minutieux.

— Mais, encore une fois, monsieur, vous ne me ferez pas accroire qu'il soit si difficile de trouver cent mille francs en deux heures.

— Alors, madame, adressez-vous à votre notaire habituel, à vos intendants... Quant à moi, ça m'est impossible.

— J'ai des raisons, monsieur, pour tenir ceci secret — dit madame de Lucenay avec hauteur. — Vous connaissez les fripons qui veulent rançonner M. de Saint-Remy; c'est pour cela que je m'adresse à vous...

— Votre confiance m'honore infiniment, madame; mais je ne puis faire ce que vous me demandez.

— Vous n'avez pas cette somme?

— J'ai beaucoup plus que cette somme en billets de banque ou en bel et bon or... ici, dans ma caisse.

— Oh! que de paroles!... est-ce ma signature que vous voulez?.. je vous la donne, finissons...

— En admettant, madame, que vous fussiez madame de Lucenay...

— Venez dans une heure à l'hôtel de Lucenay, monsieur. Je signerai chez moi ce qu'il faudra signer.

— M. le duc signera-t-il aussi?

— Je ne comprends pas... monsieur...

— Votre signature seule est sans valeur pour moi, madame...

Jacques Ferrand jouissait avec de cruelles délices de la douloureuse impatience de la duchesse, qui, sous cette apparence de sang-froid et de dédain, cachait de pénibles angoisses.

Elle était pour le moment à bout de ressources. La veille, son joaillier lui avait avancé une somme considérable sur ses pierreries, dont quelques-unes avaient été confiées à Morel le lapidaire. Cette somme avait servi à payer les lettres de change de M. de Saint-Remy, à désarmer d'autres créanciers; M. Dubreuil, le fermier d'Arnouville, était en avance de plus d'une année de fermage, et d'ailleurs le temps manquait; malheureusement encore pour madame de Lucenay, deux de ses amis, auxquels elle aurait pu recourir dans une situation extrême, étaient alors absents de Paris... A ses yeux, le vicomte était innocent du faux; il s'était dit et elle l'avait cru dupe de deux fripons; mais sa position n'en était pas moins terrible. Lui accusé, lui traîné en prison!... alors même qu'il prendrait la fuite, son nom en serait-il moins déshonoré par un soupçon pareil?

A ces terribles pensées, madame de Lucenay frémissait de terreur... elle aimait aveuglément cet homme à la fois si misérable et doué de si profondes séductions; sa passion pour lui était une de ces passions désordonnées que les femmes de son caractère et de son organisation ressentent ordinairement lorsque la première fleur de leur jeunesse est passée, et qu'elles atteignent la maturité de l'âge.

Jacques Ferrand épiait attentivement les moindres mouvements de la physionomie de madame de Lucenay, qui lui semblait de plus en plus belle et attrayante... son admiration haineuse et contrainte augmentait d'ardeur; il éprouvait un âcre plaisir à tourmenter par ses refus cette femme, qui ne pouvait avoir pour lui que dégoût et mépris.

Celle-ci se révoltait à la pensée de dire au notaire un mot qui pût ressembler à une prière : pourtant c'est en reconnaissant l'inutilité d'autres tentatives qu'elle avait résolu de s'adresser à lui, cet homme seul pouvant sauver M. de Saint-Remy. Elle reprit :

— Puisque vous possédez la somme que je vous demande, monsieur, et qu'après tout ma garantie est suffisante, pourquoi me refusez-vous ?

— Parce que les hommes ont leurs caprices comme les femmes, madame.

— Mais encore quel est ce caprice ? Qui vous fait agir contre vos intérêts ? car, je vous le répète, faites les conditions, monsieur... quelles qu'elles soient, je les accepte !

— Vous accepteriez toutes les conditions, madame ?— dit le notaire avec une expression singulière.

—Toutes !.. deux, trois, quatre mille francs, plus si vous voulez ! car, tenez, je vous le dis — ajouta franchement la duchesse d'un ton presque affectueux : — je n'ai de ressources qu'en vous, monsieur, qu'en vous seul !... Il me serait impossible de trouver ailleurs ce que je vous demande pour demain... et il le faut... vous entendez !... il le faut absolument... Aussi, je vous le répète, quelle que soit la condition que vous mettiez à ce service, je l'accepte, rien ne me coûtera... rien...

La respiration du notaire s'embarrassait,

ses tempes battaient, son front devenait pourpre; heureusement les verres de ses lunettes éteignaient la flamme impure de ses prunelles; un nuage ardent s'étendait sur sa pensée ordinairement si claire et si froide, sa raison l'abandonna. Dans son ignoble aveuglement, il interpréta les derniers mots de madame de Lucenay d'une manière indigne; il entrevit vaguement, à travers son intelligence obscurcie, une femme hardie comme quelques femmes de l'ancienne cour, une femme poussée à bout par la crainte du déshonneur de celui qu'elle aimait, et peut-être capable des plus abominables sacrifices pour le sauver. Cela était plus stupide qu'infâme à penser; mais, nous l'avons dit, quelquefois Jacques Ferrand devenait tigre ou loup; alors la bête l'emportait sur l'homme.

Il se leva brusquement et s'approcha de madame de Lucenay.

Celle-ci, interdite, se leva comme lui et le regarda fort étonnée...

— Rien ne vous coûtera! — s'écria-t-il d'une voix tremblante et entrecoupée, en s'approchant encore de la duchesse. — Eh bien! cette somme, je vous la prêterai à une condition, à une seule condition... et je vous jure que...

Il ne put achever sa déclaration...

Par une de ces contradictions bizarres de la nature humaine, à la vue des traits hideusement enflammés de M. Ferrand, aux pensées étranges et grotesques que soulevèrent ses prétentions amoureuses dans l'esprit de madame de Lucenay, qui *les* devina, celle-ci, malgré ses inquiétudes, ses angoisses, partit d'un éclat de rire si franc, si fou, si éclatant, que le notaire recula stupéfait.

Puis, sans lui laisser le temps de prononcer une parole, la duchesse s'abandonna de plus en plus à son hilarité croissante, rabaissa son voile, et, entre deux redoublements d'éclats de rire, elle dit au notaire, bouleversé par la haine, la rage et la fureur :

— J'aime encore mieux, franchement, demander ce service à M. de Lucenay.

— Puis elle sortit, en continuant de rire si fort, que, la porte de son cabinet fermée, le notaire l'entendait encore.

Jacques Ferrand ne revint à la raison que pour maudire amèrement son imprudence.

Pourtant peu à peu il se rassura en songeant qu'après tout la duchesse ne pouvait parler de cette aventure sans se compromettre gravement.

Néanmoins la journée était pour lui mauvaise. Il était plongé dans de noires pensées lorsque la porte dérobée de son cabinet s'ouvrit, et madame Séraphin entra tout émue.

— Ah ! Ferrand ! — s'écria-t-elle en joignant les mains — vous aviez bien raison de dire que nous serions peut-être un jour perdus pour l'avoir laissée vivre !...

— Qui ?

— Cette maudite petite fille.

— Comment ?

— Une femme borgne que je ne connaissais pas, et à qui Tournemine avait livré la petite pour nous en débarrasser, il y a quatorze ans, quand on l'a eu fait passer pour morte... Ah ! mon Dieu ! qui aurait cru cela !...

— Parle donc !... parle donc !...

— Cette femme borgne vient de venir... Elle était en bas tout à l'heure... Elle m'a dit qu'elle savait que c'était moi qui avais livré la petite.

Malédiction! qui a pu le lui dire?... Tournemine... est aux galères...

— J'ai tout nié, en traitant cette borgnesse de menteuse. Mais, bah! elle soutient qu'elle a retrouvé cette petite fille, qui est grande maintenant; qu'elle sait où elle est, et qu'il ne tient qu'à elle de tout découvrir... de tout dénoncer...

— Mais l'enfer est donc aujourd'hui déchaîné contre moi! — s'écria le notaire dans un accès de rage qui le rendit hideux.

— Mon Dieu! que dire à cette femme? que lui promettre pour la faire taire?

— A-t-elle l'air heureuse?

— Comme je la traitais de mendiante... elle m'a fait sonner son cabas... il y avait de l'argent dedans...

— Et elle sait où est maintenant cette jeune fille?

— Elle affirme le savoir...

— Et c'est la fille de la comtesse Sarah Mac Gregor! — se dit le notaire avec stupeur. — Et tout à l'heure elle m'offrait tant pour dire que sa fille n'était pas morte!... Et cette fille vit... je pourrais la lui rendre!... Oui, mais ce faux acte de décès! Si on fait une enquête... je suis perdu! Ce crime peut mettre sur la voie des autres...

Après un moment de silence, il dit à madame Séraphin :

— Cette borgnesse sait où est cette jeune fille?

— Oui.

— Et cette femme doit revenir?

— Demain.

— Écris à Polidori qu'il vienne me trouver ce soir, à neuf heures.

— Est-ce que vous voudriez vous défaire de la jeune fille... et de la vieille?... Ce serait beaucoup en une fois, Ferrand!

— Je te dis d'écrire à Polidori d'être ici ce soir, à neuf heures!

. . . .

A la fin de ce jour, Rodolphe dit à Murph, qui n'avait pu pénétrer chez le notaire :

— Que M. de Graün fasse partir un courrier à l'instant même... il faut que Cecily soit à Paris dans six jours...

— Encore cette infernale diablesse! l'exécrable femme du pauvre David, aussi belle qu'elle est infâme!... A quoi bon, monseigneur?...

— A quoi bon, sir Walter Murph!... Dans un mois vous demanderez cela au notaire Jacques Ferrand.

FIN DE LA QUATRIÈME PARTIE.

TABLE DES CHAPITRES.

QUATRIÈME PARTIE (suite).

Chap. V. La dette 1
VI. Le jugement 25
VII. Louise. 37
VIII. Rigolette 61
IX. Voisin et voisine 93
X. Le budget de Rigolette 111
XI. Le Temple 139
XII. Découverte 159
XIII. Apparition 171
XIV. L'arrestation. 183
XV. Confession 203
XVI. Le crime 229
XVII. L'entretien. 247
XVIII. La folie. 263
XIX. Jacques Ferrand 283
XX. L'étude 299
XXI. M. de Saint-Remy. 313
XXII. Le testament. 337
XXIII. La comtesse Mac-Grégor. . . 345
XXIV. M. Charles Robert 363
XXV. Madame de Lucenay. 373

www.ingramcontent.com/pod-product-compliance
Lightning Source LLC
Chambersburg PA
CBHW052044230426
43671CB00011B/1781